HR实战学堂

全面薪酬体系设计

QUANMIAN XINCHOU TIXI SHEJI

贾德明　王伟杰◎主编

经济管理出版社
ECONOMY & MANAGEMENT PUBLISHING HOUSE

图书在版编目（CIP）数据

全面薪酬体系设计/贾德明，王伟杰主编 . —北京：经济管理出版社，2018.12
ISBN 978 - 7 - 5096 - 6012 - 6

Ⅰ.①全… Ⅱ.①贾… ②王… Ⅲ.①企业管理—工资管理—研究 Ⅳ.①F272.923

中国版本图书馆 CIP 数据核字（2018）第 208214 号

组稿编辑：曹　靖
责任编辑：杨国强　张瑞军
责任印制：黄章平
责任校对：王纪慧

出版发行：经济管理出版社
　　　　　（北京市海淀区北蜂窝 8 号中雅大厦 A 座 11 层　100038）
网　　址：www. E - mp. com. cn
电　　话：（010）51915602
印　　刷：三河市延风印装有限公司
经　　销：新华书店
开　　本：720mm×1000mm/16
印　　张：8. 25
字　　数：125 千字
版　　次：2019 年 1 月第 1 版　2019 年 1 月第 1 次印刷
书　　号：ISBN 978 - 7 - 5096 - 6012 - 6
定　　价：48. 00 元

本书主编：

贾德明　王伟杰

本书参编人员：

周瑞泽　李秋香　徐仁华　侯世霞

目　录

全面薪酬概念设计篇

第一节　薪酬概念与薪酬管理原则

一、概念

全面薪酬的概念主要是薪酬的哲学、方法论（Methodology）、原则以及策略。这些都是做薪酬体系设计的思想问题，当然也是薪酬体系设计基础。

薪酬体系设计包括：薪酬分配的方法论、薪酬设计的原则，公司的经营战略以及人力资源战略乃至由此而决定的薪酬战略、激励模型、薪酬设计的影响因素，总体人力成本对公司损益的影响以及通过薪酬结构以及水平设计对人才激励及流动的影响。

虽然以上内容看上去比较务虚，并没有接触到最实质的东西。但实际上恰恰相反，只有先确定下这些思想性、方向性的东西，才能够顺利地开展薪酬体系设计工作。

因此我们在做薪酬体系设计的时候，都会先停下来，去想一想如何规划相应的薪酬设计工作。我们形象地把这个点叫做薪酬体系设计项目"停止点"。具体说，公司若没有确定下这些，不能进行下一步的具体的技术细节设计，否则，未来的技术细节设计也会因为以上思想的改变而推倒重建。

关于全面薪酬，国内外已经有了多种定义，我们将不同的学者、派系对于薪酬概念的界定归纳为以下三种口径的定义：

第一种是宽口径的界定，即将薪酬等同于报酬，员工由于完成了自己的工作而获得的各种内在报酬和外在报酬。不过，这种宽口径的定义并不是很常见。

第二种是中等口径的界定，即员工因为雇佣关系的存在而从雇主那里获得的各种形式的经济收入以及有形服务和福利。这种薪酬概念包括工资（直接经济报酬）和福利（间接经济报酬）。很多人力资源管理和薪酬管理方面的教科书都采用这种定义。

第三种是窄口径的界定，即薪酬仅仅包括货币性薪资（基本薪资和可变薪资或浮动薪资之和），而不包括福利。在实践中，大多数实际管理部门都倾向于使用这种定义。

在本书中，我们认为薪酬是指企业、公司或组织为因使用员工的劳动或服务而带来的经营成果所支付的各种类型的酬劳。通常我们从三个维度进行分解：感知维度，外在薪酬和内在薪酬；期间维度，即期薪酬和长期薪酬；弹性维度：固定薪酬和变动薪酬。

二、薪酬管理原则

薪酬设计的原则一共有六个，分别是：公平性原则、合法性原则、成本控制性原则、平衡性原则、激励性原则、竞争性原则。

（一）公平性

公平性原则可以从三个维度来理解：对内公平、对外公平和过程公平。

所谓公平，通常需要建立一个综合性参数进行衡量。

一般地，如果我们把雇主和雇员作为劳动的交易双方（买方和卖方），站在雇员一方观察这个交易过程，雇员的劳动就是这个交易过程的输入，其获得的报酬就是雇员的劳动的输出。我们不妨将雇员的劳动输出（报酬）与雇员的输入（劳动量）做个比值，即以劳动输出（报酬）/劳动输入（劳动量）作为一个标杆来综合比较单位劳动量能够得到的报酬。

通常这个比值在公司内部或公司与人才市场中是公平的直接体现。

当然，专业劳动的输出对应的是公司的全面薪酬（包括外在和内在的），较为直接的体现是员工的收入，尽管内在薪酬不易量化，但外在薪酬还是比较容易测量的。而专业劳动投入，可能是容易计量的劳动量（如生产产品或零件的个数、销售额等），也有可能是不易测量的劳动量（如劳动时间以及所从事劳动的职责、复杂程度、环境以及各方面的能力要求）。尽管时间比较容易测量，但其他几个方面，没有一个量化工具，测量起来却有些困难。比如：一个清洁工的工作和一个总裁的工作，他们投入的时间，看上去都是8小时，其实他们给公司带来的价值是不同的，也就是说真正的投入是不同的。

那么如何去测量这相同的 8 个小时中每个员工不同的工作价值呢？也就是说，需要进行岗位价值评估。

通过引进岗位价值这样一个参数以及岗位价值评估这样的工具来测评劳动投入，使得不同岗位之间薪酬的可比性有了公平的技术保证。

如此，对内公平是指公司内部岗位之间的薪酬发放计数标准要一致。因为在企业中，员工经常将自己的薪酬数量与相同以及不同职级的员工进行比较，从而通过这种方式对自己薪酬发放的合理性进行判断。同时，得出的结论还会影响到员工的工作态度。

对外公平是指薪酬要符合市场综合水平。因为员工会将自己的薪酬数额同外部（劳动力市场或其他企业）相同岗位的薪酬数额进行比较。而比较的结果往往决定了员工自身的工作稳定性。保证薪酬的对外公平也是一项提高员工留存度及其稳定性的方式之一。

过程公平是指整个测量、比较、评估等过程都是由专业的委员会进行。委员会成员包括专业的人力资源咨询人员、企业的管理人员以及一线的主管人员等（一线的主管人员更加清楚目标岗位的岗位价值，如操作流程、工作强度、工作完成难易度等）。尤其是邀请外部专家参与，一方面可以得到技术方面的支持，另一方面在过程公平方面也会得到见证与监督。这也是薪酬体系建立过程中重要的信用保证。

（二）合法性，又称合规性

合法性是指我们在设计薪酬时要遵循有关的法律法规和地方性政策以及相应的细则。从国际通行的情况看，与薪酬管理有关的法律主要包括最低工资立法、同工同酬立法以及反歧视立法等。

我国跟薪酬有关的法律法规有：《中华人民共和国劳动法》《中华人民共和国劳动合同法》《中华人民共和国仲裁法》《中华人民共和国社会保险法》《中华人民共和国中小企业促进法》等。除此之外还有国务院及其相关部委和地方政府出台的相关政策规章以及对应的实施细则：如国务院的《职工带薪年休假条例》；地方细则，带薪年休假实施细则，以及地方的最低工资参考线等。

（三）成本控制性，又称经济性

成本控制性是指薪酬体系设计人员站在企业管理者的角度去看待薪酬问题，根本目的是尽可能多地提高单位人力成本的经济效益。设法用最合理的人力成本保证公司的人力资源供给，并据此设计一个科学的薪酬体系去留住核心员工和关键人才。

注意：员工人数较少的公司不需要构建复杂的薪酬体系，因为较小的组织鉴于其扁平化的组织结构模式，其工作形式和优势本就是富有灵活性的，故相应的薪酬政策就同样地以灵活性为宜。

相对地，有一定规模尤其是职位之类较多（职位数 50 个以上）的组织，应该根据组织的实际情况建立一个规范的薪酬体系。

（四）平衡性

在进行全面薪酬管理时需要注意三个维度互相之间的平衡，并且注意维度与维度之间需要互相兼顾。

（1）固定薪酬（固定工资、岗位工资、津贴等）和变动薪酬（绩效工资、奖金等）之间的平衡。

（2）长期薪酬（股票、股票期权等）和短期薪酬（计件工资、奖金等）之间的平衡。

（3）物质外在薪酬（通常体现为物质性薪酬）和内在薪酬（通常体现为非物质性薪酬，尤以精神和心理层面为主）之间的平衡。

（五）激励性

要根据动机理论激励员工，以使员工达到更高的效率。比如利用以下五个动机理论激励员工：

（1）需求层次理论即马斯洛需求层次理论。该理论将人的需求分为五个层次（从低到高）：生理需求、安全需求、人际交往需求、尊重需求以及自我实现。并且只有在低层次的需求得到满足之后，高层次的需求才变得有激励性。在设立基本工资时，必须将基本工资设置在较高的水平，以满足员工最基本的生理需求和安全需求。在设置激励计划时，需要注意激励计划只有在能够满足员工更高层次的需求的情况下，才会产生激励作用。

（2）双因素理论。又称"激励保健理论"（Hygiene – motivational Factors），是激励理论的代表之一。该理论认为能够激发人们工作动机的因素有两个：一是激励因素，二是保健因素。像认同、晋升和成就感等激励因素就具有激励员工的作用，而保健因素是指与基本生活需要、安全及公平待遇相关的因素。

（3）公平理论。又称社会比较理论，该理论是研究人的动机和知觉关系的一种激励理论，认为员工的激励程度来源于对自己以及参照对象的报酬和投入比例的主观比较感觉。当员工认为其自身的产出与投入之间达到对等时，他们将会受到激励。而当产出和投入的比例失衡时，就会引起员工的不满。

（4）期望理论。又称作"效价—手段—期望理论"，是管理心理学与行为科学的一种理论。这个理论可以用公式表示为：激动力量 = 期望值 × 效价。在这个公式中，激动力量是指调动个人积极性，激发人内部潜力的强度；期望值是指根据个人的经验判断达到目标的把握程度；效价是指其所能达到的目标对满足个人需要的价值。所以在制定薪酬时要明确并界定工作的任务与职责。

（5）强化理论。又称操作条件反射理论或是行为修正理论。该理论认为，人为了达到某种目的，会采取一定的行为作用于环境。当这种行为的后果对其自身有利时，这种行为在以后就会重复出现；不利时，这种行为就会减弱或者消失。人们可以用这种正强化或负强化的办法来影响行为的后果，从而修正其行为。所以报酬必须跟上需要强化的行为，而没有获得报酬或奖赏的行为将被员工自行中断。

（六）竞争性

在公司总体经营战略的指导下，经由人力资源战略，根据市场的薪酬水平制定更有竞争力的薪酬策略，切不可盲目制定企业的薪酬水平。比如 A 岗位在整体市场薪酬水平上处于 25 分位，在录用人员时可以将薪酬定于 25 分位之上以保持较高的竞争力，把相应的人才吸引过来。

第二节　组织以及组织战略对薪酬的影响

一、薪酬战略

战略指的是一个组织为了构建自身的核心竞争力形成核心竞争优势而对自身的内外部资源以及行动进行的协调和规划。组织通过在选择过程中进行相应权衡取舍的方式以界定自身的战略。公司的总体战略决定了公司的经营战略，也就分解出公司的人力资源战略直至公司的薪酬战略。

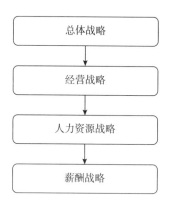

图 1 - 1　总体战略

如图 1 - 1 所示，在制定薪酬战略时，需要将企业或组织的各个战略按照层级进行分解并落实到相应次级战略的制定当中，以确保公司的整体战略和价值观达到统一。

薪酬战略在具体的实施环节中会变为一个个具体的节点，并且主要分为水平策略和结构策略两大类。水平策略指将公司薪酬根据相应的公司战略，参照市场平均的薪酬水平进行调整。结构策略指薪酬是由薪酬的各个部分组成，如基本工资、补贴、奖金、年金、股票期权等。在制定薪酬策略时，应根据战略决定每个单一部分的权重占比。

二、经营战略对薪酬战略的影响

表1-1 不同类型的策略

薪酬政策及环境	经营战略
	成本先导型→差异型→创新型
组织结构	机械→有机
人力资源系统	控制→归属
薪酬系统	制度规范→经验
薪酬哲学	成本　激励　吸引/留人
薪酬水平	低于市场　与市场持平　高于市场
薪酬组合刺激性	低→高
绩效加薪	有限→广泛
管理与控制	封闭→开放

如表1-1所示，在制定薪酬战略时，要根据公司不同的经营战略制定不同类型的薪酬战略及薪酬策略。比如：

（1）成本先导型战略（适用于技术含量较低且同质化严重的产品生产型企业）：其采取的战略主要为压缩整个公司的运营成本，包括生产成本、用料成本、人工成本等。用低成本使产品定价更低，增加产品在市场上的竞争能力。这种企业往往是非常注重效率的，对于员工的操作水平要求极高。因此，对于任何事情，他们首先想的是如何用最低的成本去做更多的事情。在薪酬战略的制定方面，这种企业会密切关注市场上竞争对手的薪酬支付状况，使自己企业的薪酬水平既不能低于竞争对手太多，又不能高于竞争对手太多。并且，采用成本先导型战略的企业一般还会制定专门的成本节约计划，以鼓励员工个人以及员工群体去帮助企业寻找提高生产效率以及降低成本的方法和措施。

这里有一点需要注意的是，并不是所有的成本先导型企业的薪酬水平均低于市场平均水平。有的成本先导型企业的薪酬水平甚至高于市场水平，其原因是有些企业可以保持一个较高的运营效率,虽然员工的薪酬水平较高,但他们的生产效率更高。

(2)创新型战略:人无我有,人有我强,通过产品的质量功能的差异化及其优越性,占领市场领先位置,获取更多的定价权,以提高产品利润,最终达到增加企业效益的目的。这种企业的一个重要的经营目标就是抢占市场的领头地位,并且在管理过程中常常会特别强调客户的满意度以及客户的个性化需要。但对于企业内部的组织架构往往不是很重视。因此,这种企业的薪酬体系往往特别注重对企业内部的创新性行为予以奖励,并且该企业的基本薪酬往往高于市场平均水平,借此帮助企业吸引、留存敢于创新的优秀人才。此外,创新型企业对于岗位内容及岗位职责的描述保持相当程度的灵活性,从而要求员工能够适应不同工作环境的需要。

(3)差异型战略:所有的薪酬战略手段介于以上两种战略之间的状态。

三、组织生命周期对薪酬战略的影响

企业也有生命,也像人一样需要经历出生、成长、成熟、衰老、死亡等各个时期,因此我们需要根据企业所在的不同生存周期来制定不同的薪酬战略。我们这里将企业的组织生命周期分为投入期、成长期、成熟期、衰退期,如表1-2所示。

表1-2 组织生命周期

	投入期	成长期	成熟期	衰退期
固定收入	低	中	高	高
年风险收入	低	中	高	中
长期激励	高	高	中	低
福利、补贴	低	中	中	高

在企业的投入期或者是初创期(80%~90%的公司破产就发生在初创期),由于企业的业务量可能还处在较低的水平,且为了储备和保护公司运营资金、增加企业对未来的投资,以促进企业长久的成长和发展,一般地,这个阶段企业员工的固定收入、年风险收入以及福利补贴的水平均处在较低水平上。但为了使公司核心员工能够保留下来,与公司一起同舟共济,公司

的薪酬计划多以长期激励为主。在这个时期，公司的风险较大，所以公司采用股权激励的方式对员工进行激励。目前，大多数创新型公司在初创期都是按照这一思路设计薪酬计划的。

公司发展一段时间后，逐步进入成长期。在成长期中，公司自身会不断地进行自我调整，慢慢地进行过渡，业务量也不断增长。由于企业规模的扩张，其盈利水平逐步提高，企业运营秩序渐渐步入正轨，公司薪酬水平中的固定收入、年风险收入以及福利补贴等薪酬项目的支付水平也有了相应的提高。同时，企业为了进一步提高核心员工留存率，长期激励也保持在一个较高的水平。

在公司的成熟期，公司规模基本发展到位，公司增长放缓，企业的管理日益精细化，其创造利润的能力逐步趋于稳定，但由于经过成长期的快速增长，其公司业务存量特别大，相比之下，业务的增量比前两个时期会慢下来，这时公司的股票和期权等长期激励资源基本授予完毕，薪酬策略变得较为保守。同时，为了维持当前公司所在的市场地位，以及经过前两个时期的发展，公司员工的固定收入和年风险收入已经被提升至高位，同时因为公司成长速度放缓，员工的长期激励和非法定的福利补贴也会相应地下调。

最后，企业进入衰退期，因为相应的激励已经近乎失效，再加上工资的增加具有不可逆性，故只能提高员工的固定收入以及福利补贴来留住员工。相对应地，年风险收入和长期激励则会被调低，其中因为企业逐步在衰退，员工的长期激励几乎可以忽略不计。

第三节　制定薪酬结构战略

一、薪酬结构战略策略模式

（一）高弹性模式

高弹性模式一般是将绩效薪酬作为薪酬结构中的主要部分，而将基本薪酬放在次要地位，员工最终能获得多少薪酬完全依赖于工作绩效的好坏。高弹性模式往往具有很强的激励性，通常采用的是计件或提成工资制，但这种方式会使员工缺乏工作安全感，员工的流动性较大，同时员工也有较大的压力。高弹性模式比较适合创立初期的企业。

（二）高稳定性模式

高稳定性模式是将基本薪酬作为薪酬结构的主要部分，而将绩效薪酬放在非常次要的地位。用这种薪酬模型的岗位，其员工的收入非常稳定，几乎不用努力就能获得全额的薪酬，使员工有较强的安全感，但激励性较差，企业的用工成本也较高。高稳定性模式一般具有很强的稳定性，但对于公司员工来说，采用该模式不利于调动员工的主观能动性，适合于稳定经营的企业。

（三）调和性模式

调和性模式作为高弹性模式和高稳定性模式的中间模式，其自身既有激励性又有稳定性。在调和性模式中，绩效薪酬和基本薪酬各占一定的比例，且二者之间的比例会不断地进行变化和调整。这种薪酬模式可以演变为以激励为主的模式，也可以演变为以稳定为主的薪酬模式，该类模式集中了高弹性和高稳定性两种模式的优点，员工在工作中会有一定的压力，其自身的主观能动性和忠诚度也较高，但缺点是操作难度很大。

二、薪酬结构的影响因素

国家及地方法规。薪酬体系的制定一定要符合所在地方政府的有关政策和细则，比如最低工资参考线。注意：不是基本工资不能低于最低工资标准，而是员工最终到手工资不得低于最低工资标准（基本工资＋奖金＋补贴＋福利≥最低工资标准）。

行业发展。要根据公司的行业特性和工资水平制定符合行业情形的薪酬体系，如进行相关的岗位价值评估（在相对较为热门的公司里就职，工资也相应较高）。

地区发展水平。与行业发展相同，看其公司所处环境，制定与环境相符合的薪酬体系。

公司战略。在设计薪酬体系时，要根据公司的总体经营战略和薪酬战略等内容进行制定。采用多元化战略的公司要根据不同的多元化战略制定相应的薪酬战略。当前，中国的企业之所以能够在激烈的国际化竞争当中获得发展，大多数靠的都是低成本战略，而这种公司竞争战略是由于国内较低的劳动力成本现状造成的。随着中国日益发展以及综合国力的提高，用工成本将会不断提升，低成本战略企业必然要面临着转型（近几年，一些劳动密集型企业纷纷从国内迁往劳动力成本更低的东南亚国家）。如若将低成本战略更改为其他竞争战略，如差异化战略，就必然会对公司的薪酬战略造成影响。

公司的成本结构。薪酬作为公司的运营成本之一，薪酬体系的制定也要符合公司的成本结构。

图1-2中人力成本如果占比下降，也会给公司利润率带来贡献。这里利用百分比，主要是说明人力成本可以提高，但销售收入提高的速度应该高于人力成本提高的速度。这方面可以通过单位人力成本对销售收入的贡献率来衡量。即：人力成本对销售收入的贡献率＝销售收入/人力成本。在营业周期内不断跟踪测量这个指标，并采取措施不断提高这个指标。

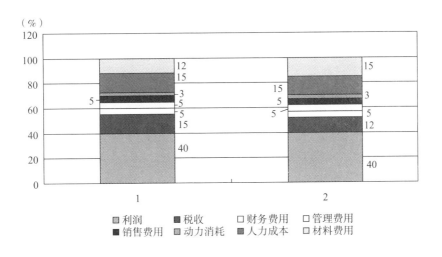

图1-2　成本结构

在薪酬体系的设计过程中，需要根据人力成本在企业整体的成本结构中所占的比重，以及企业所处的时期进行相关的调整。

企业文化。薪酬体系的制定还要遵循企业的文化以及企业负责人的价值观。企业的薪酬战略应该帮助企业传递并强化企业的文化以及核心价值观。如：公司强调以绩效为导向的企业文化，则在薪酬设计时，应将奖金的比重设计得较大；公司强调以团队合作为导向的企业文化，则在薪酬设计时必须要更多地考虑到团队整体的绩效，而不是单单注重个人绩效；公司强调以创新为导向的企业文化，则员工创新所带来的结果必须要在薪酬上得以体现。

三、薪酬水平的策略

根据市场水平制定不同的薪酬策略。由于市场薪酬水平按照月度进行增长，而企业一般是在年度初进行调薪，所以根据调薪时所参考的市场薪酬水平数据，我们将薪酬水平的策略分为滞后型策略、领先型战略及适中型战略。

（一）滞后型战略

在调薪时，薪资具有竞争性，但随后的一年将落后于市场薪资水平。

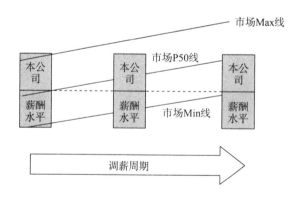

图 1 - 3　滞后型战略

（二）领先型战略

薪资调整至年底的水平，薪资在调整后 12 个月内一直领先于市场。

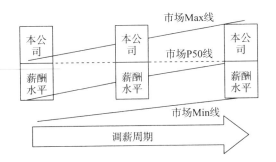

图 1 - 4　领先型战略

（三）适中型战略

薪资调整至 6 个月后的水平，在此期间薪资领先于市场，随后的 6 个月薪资落后于市场。

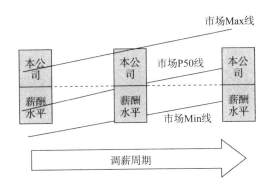

图 1 - 5　适中型战略

公司整体水平的市场定位（见图 1 - 6）。根据公司现状以及市场数据可以描绘出公司薪酬与市场不同水平的指数回归线，从宏观的角度看到在不同职级公司的薪酬现状与市场不同水平间的高低关系，再对照公司的"水平对位战略"去调整公司的薪酬策略值。

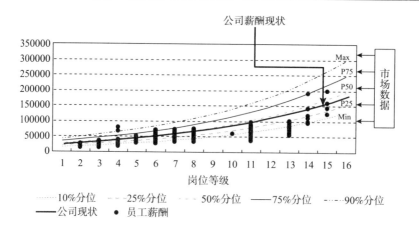

图 1-6 市场定位

四、全面薪酬理念的建立

在建立全面薪酬理念时，需要注意以下几点：

（1）需要对企业现状以及企业自身所存在的问题进行反思，以确定薪酬理念的建立方向，尤其是在薪酬体系的公平性、合规性、激励性、平衡性、经济性等原则上进行反思，找到公司薪酬体系在方法论级别的问题所在。

（2）需要应用薪酬设计的原理、需求层次理论、双因素理论、强化理论、激励理论与模型等。

（3）要利用多种薪酬的具体形式：外在薪酬与内在薪酬；固定薪酬与变动薪酬；长期激励与短期激励；等等。

（4）需要建立一个全面的薪酬结构模型：将以上三个维度的薪酬形式安排在不同的层面，形成多维度、多层次的格局。

（5）需要设立短期、中期、长期的激励计划，形成综合激励效应并舒缓公司成本尤其是现金成本方面的压力。

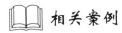 **相关案例**

浅论联想的国际化挑战——
并购 IBM PC 的薪酬软着陆[①]

(一) 国际化战略的多舛之途

自 20 世纪末以来，联想集团就开始了对不同战略发展模式的探索。随着 2004 年底联想将重心放到了整合全球市场的资源、开拓海外市场上，才逐步将个人电脑及相关产品确定为核心业务，而将其他业务板块转让剥离。联想通过并购 IBM PC 正式开动了国际化战略的马达，而这起震惊全球 IT 界的并购，正是中国本土化强势企业通过并购海外亏损巨头开启国际化发展的典型例子。

联想在致力于成为真正的国际化企业的过程中走了不少弯路，而自 2004 年确定的国际化道路至今仍然不甚顺利和明朗。标志着联想在国际化战略上迈出第一步的大事是 2004 年 12 月对 IBM PC 的并购。其中，薪酬政策的变动在短期内无疑是作为双方尤其是被并购方员工最关心的利益问题。作为并购方，联想面对的问题既有内部公平性的建立，又有外部竞争性的维持，还有薪酬成本的控制，实质上是薪酬政策制定原则之间的平衡博弈，需要准确拿捏其中的"度"。

(二) 解读并购中的薪酬对接

联想在选择 IBM PC 业务作为并购对象时，非常看重其素质一流的优秀员工和全球的服务、管理经验，所以联想要想取得并购的成功，必须重点规划好人力资源的整合问题。在并购初期，与员工利益最切实相关的是薪酬的整合。两个公司在薪酬政策、奖励重点、福利待遇等方面均不在一个档次上。

---

① 刘雯雯. 浅论联想的国际化挑战——并购 IBM PC 的薪酬软着陆 [J]. 考试周刊, 2009 (3): 228-229.

从薪酬政策看，IBM 实行的是市场领先的薪酬政策，而联想的薪酬政策属于市场跟随型。在奖金激励方面，IBM 的理念是重奖不重罚，而联想是奖惩并重。IBM 还实行一种全面报酬，非常看重员工的个人发展和带薪休假等人性化福利项目的落实；而联想则着重提供基本的福利和服务项目。由此，妥善处理并购双方的薪资变动问题是联想在这起并购中难以回避的关键问题。

1. 风险解读

联想在并购后的薪酬对接过程中，面临着三大风险：

（1）生产率下降。在并购前联想和 IBM 双方都采取了严格的保密措施，对 IBM 的员工来说，他们在心理上一时难以接受与理解，继而产生对薪酬待遇、工作机会、工作地点、职位等是否会变更的忧虑。在这种情况下，若高层没有给予及时的、合理可信的解释说明甚至承诺，中层和基层员工就会丧失工作积极性，转而寻求自己的各种可能的出路，生产效率必然下降。

（2）员工流失严重。通常，在"蛇吞象"式的并购中，并购方从规模、技术、管理、人才各方面都与被并购方的实力相去甚远，因此可能产生的最大损失是被并购企业中关键人员包括高管在内的人员流失。这是由于高管及拥有核心技术的专业研发人员担心薪酬降低、地位降低而对新的股东产生质疑甚至抵触。有研究表明，并购后经理人员会成批地离去，像多米诺骨牌一样。

（3）薪酬成本的骤增。在"蛇吞象"式的并购中，采取裁员、降低被并购方员工薪酬水平等措施来降低企业的成本支出的做法，往往在短期内是不利于保留被并购企业的核心人才和高级管理人员的。对被并购员工薪酬待遇问题的处理上，通常采取保持与原有薪酬水平相当的措施。在被并购企业仍处于亏损状态的情形下，就不可避免地给企业带来短期内成本的上升，带来压力，若在较长时间内不能扭亏为盈，则可能会引起资金链的问题。

2. 措施解读

联想在这起并购中最为人所熟知的就是其"三年内保证原 IBM 人员基本薪酬不降低"的承诺。然而，这只能算是短期的稳定政策，联想欲通过持续整合 IBM PC 而获得海外市场份额，在公司内部必然要逐步完成建立国际化薪酬构架的转变。这个新的构架，既不是国内联想模式的简单承袭，也不是

IBM 薪酬体系的照搬，联想应该根据未来的发展战略兼顾双方当前的特点构建一套完善的国际薪酬体系。那么在并购初期，联想具体采取了怎样的薪酬政策及辅助措施来稳定团队？在过渡期联想是否采取了有助于建立全球化薪酬构架的措施，起到了怎样的作用？

（1）并购前的薪酬调查。联想在并购前所成立的谈判小组内部有许多任务小组的划分，其中就有专人负责与咨询公司合作，对 IBM 的薪酬状况进行调查。薪酬调查在整合 IBM 历史数据、调查当前员工期望值的循环中进行。薪酬调查，有利于联想全面而完整地把握各个地区薪酬平均水平下 IBM 的薪酬状况，估算并购后的薪酬开支；有利于制定并购 IBM 后的薪酬政策和调整国内团队的薪酬结构水平。

（2）并购时的积极承诺。联想对原 IBM PC 的员工承诺三年内不降基薪的举动，起到了一定的稳定人心和缓冲作用，也为联想下一步制订调整方案争取了时间。除了口头的承诺，联想的实际行动或许要给 IBM 员工服一颗定心丸。

（3）组建工作委员会。工作小组除了与员工进行面谈沟通以外，更重要的事情是就当前并购双方在薪酬水平、薪酬激励等方面的差异进行比较权衡，并制定解决策略。同时，与薪酬相关的绩效评估体系也是需要被考虑的。这些调研工作，论证了未来薪酬改革和调整的方向、利弊、可行性，为进一步建立统一薪酬构架奠定了基础。

2005 年 5 月，联想宣布并购 IBM PC 取得初步成功。联想聘请美国薪酬专家 Zara 担任专管薪酬的副总裁，在美国成立了薪酬福利项目组，负责设置全球薪酬体系。联想确立了薪酬调整的总体方向：在原联想薪酬体系上，增加固定工资比例，降低可变薪酬比例；在原 IBM 工资的体系上，降低固定工资比例，增加可变工资比例。同时，逐步上调联想员工整体收入。最终，所有联想员工实现薪酬一体化。到 2007 年 8 月公布 2007 财年第一季度的业绩表现时，联想在美洲、欧洲、中东亚太等地区已经获得持续盈利。

（三）总结与反思

三年的过渡期已过去，新的薪酬体系为联想带来了团队的融合与稳定。

新的薪酬构架更多地考虑了外部竞争性，同时兼顾了不同国家的生活水平，在同一区域的不同职能部门之间实行不同的薪酬政策，并且向着有利于员工施展才能的宽带薪酬靠拢。应该指出，薪酬调整看似是薪酬技术的应用，实则是薪酬文化的融合，因此必定是一个比较漫长的过程，可能需要过渡更为长久的时间，在这段时间里需要持续沟通，解决新出现的问题，并就势对当前的方案进行微调。这对管理者形成了耐心与决策力的考验。如果把这起"蛇吞象"式的并购比作勇敢者的远航，那么薪酬对接的问题只是水手们需要绕过去的无数暗礁中的一个，正像并购本身也只是联想国际化进程中选择的一个出海港。

全面薪酬结构设计篇

第一节　全面薪酬结构的安排

薪酬结构并非是一成不变的。公司 HR 可多层次、多维度地安排公司的薪酬结构。其中包括：外在薪酬与内在薪酬；变动薪酬与固定薪酬；长期、中期、短期激励计划；工资、奖金和福利；等等。

在此，我们认识一下内在薪酬和外在薪酬的具体表现形式。

内在薪酬实际上就是公司给予的情感或者机会的回报。一般以下列形式进行体现：

（1）提高员工的工作环境与质量。

（2）合理地分配员工的工作任务，提高员工参与度，增强员工的成就感。

（3）对员工进行培训，增强员工未来的可持续发展性。

（4）对员工的成就进行表彰，以激励员工。

（5）员工的话语权，意见和建议的采纳等。

外在薪酬就是我们一般发放的工资、奖金、补贴、津贴、股票或股票期权以及福利等。它包含一切可以以财务支出的东西：

（1）基本现金。包含员工的基本工资或者小时工资。

（2）可变的短期激励。包含员工的奖金以及年终奖。

（3）长期激励。一般长期激励有股票以及分红等形式。

（4）福利。福利的具体形式有退休金、医疗保险、带薪假期和法定节假日等。

（5）津贴。津贴一般有交通费补贴、餐补、电话费补贴、健身补贴以及工作时会产生费用的补贴。

薪酬结构的固定薪酬和变动薪酬就更加容易辨识。

固定薪酬的"固定"含义主要体现在不与当期绩效结果关联，但可能与其他方面相关：

（1）基本工资（与出勤相关）。

（2）岗位工资（与岗位内容相关）。

（3）技能工资（与技能变化相关）。

（4）补贴（与出勤等相关）。

（5）津贴（与出勤等相关）。

变动薪酬的"变动"含义主要体现在与当期绩效结果关联：

（1）月度绩效奖金。

（2）年度绩效奖金。

（3）项目奖金。

（4）股权分红。

短期激励与长期激励主要区别在于兑现的时间间隔长短：

短期激励一般在半年内，不超过一年；

长期激励一般在3年以上，至少也要超过一年。

第二节　薪酬结构的设计示例

一、年度薪酬构成比例示例

年度薪酬构成如图2-1所示。

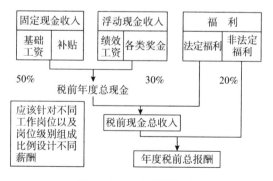

图2-1　年度薪酬构成

二、年度薪酬变动占比（固浮比）变化趋势示例

表 2 - 1　变化趋势　　　　　　　　单位:%

	固浮比			
职级	营销	研发	生产	职能
1 ~ 6	35	30	25	20
7 ~ 9	40	35	30	25
10 ~ 12	45	40	35	30
13 ~ 15	50	45	40	35
15 以上	55	50	45	40

从表 2 - 1 可以看出：越靠近公司短期绩效以及职级越高的人员，其薪酬变动占比越高。因为这些人员是公司业绩最直接的决定因素。公司 HR 提高其薪酬变动占比可以更好地激励这些公司一线员工，为公司创造更多的效益。

三、公司不同职系的薪酬结构的总体思路

（一）业务人员

业务人员薪酬结构如表 2 - 2 所示。

表 2 - 2　业务人员薪酬结构

业务人员薪酬模式	优点	缺点
纯佣金制	激励作用较强，易于控制成本	不适用于业务收入没有保障的情形
固定工资制	业务人员收入有保障，员工有安全感	不利于激励员工
基本工资 + 佣金	业务人员收入有保障，有与业绩相关的提成，有激励作用	佣金少时，激励作用不大
基本工资 + 奖金	佣金直接由绩效表现决定	业务人员奖金较模糊，激励作用减弱
基本工资 + 佣金 + 奖金	收入稳定，有效地控制销售成本	提高了管理费用
特别奖励制度	很强的激励作用	奖金的标准不可靠，增加管理难度

（二）专业技术人员

薪酬特点：创造性强，自主性衡量和管理难度大。

薪酬模式：核心技术，工作性质决定薪酬，可用长短期相结合的方式决定薪酬。

薪酬设计：项目薪酬，协商工资，提成工资，承包工资制。

（三）职能管理人员

薪酬特点：关注流程以及流程管理结果。

薪酬模式：岗位价值，能力高低决定薪酬，可以设立 KPI 来评估工作成果。

薪酬设计：基本薪酬，岗位薪酬，绩效奖金，目标奖金。

第三节　薪酬结构中的激励计划

激励计划根据时间的长短可分为三种主要形式：

（1）短期激励计划。

（2）中期激励计划。

（3）长期激励计划。

一、短期激励计划

（1）计件工资制（制造业、快递物流业居多）。

（2）销售提成与佣金。

（3）月度生产奖金计划。

（4）年终奖金以及目标奖金计划。

（5）短期项目奖励方案。

（6）特别俱乐部会员。

（7）特别津贴或补贴。

（8）福利点数。部门主管每月手中有一定的福利点数可以奖励下属员工，当员工的福利点数积攒到一定程度时可以去兑换相应的奖励。

（9）任务包干。

二、中期激励计划

（1）工作再设计。

（2）专项人才保留计划。

（3）专项培训教育计划。

（4）补充养老金、公积金计划，补充医疗保险。

（5）职级或岗位晋升。

（6）研发创新奖励计划。

（7）优秀员工、优秀项目及团队奖励。

三、长期激励计划

（1）企业年金计划。

（2）职业年金。

（3）长期服务专项奖励。

（4）员工持股计划。

（5）股票期权计划。

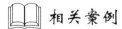 **相关案例**

A 公司基于战略的薪酬体系设计①

A 公司是一家在 20 世纪 90 年代中期创办成立的集研发、生产和销售为一体的民营家电企业，主要产品为燃气用具、厨房电器、家用电器等。近年

---

① 根据中国人力资源开发网的一个案例改编，原作者：刘大东。

来，由于燃具行业竞争的不断加剧，以及客户需求的不断变化等因素，A 公司所处的经营环境发生了巨大变化。因此，公司提出了新的愿景——不断追求创新来改进我们所提供产品和服务的质量；不断优化和培养我们的员工队伍，伴随公司的发展不断成长；在我们的员工、供应商和客户之间体现一种团队精神，以使我们在竞争中处于优势；以我们的产品和服务，使我们的客户享受美好生活。基于这一愿景，A 公司重新制定了公司战略——以颇具竞争性的价格，为客户提供最优的产品和服务；超越同比市场增长，在 5 年内使公司市场份额进入行业前三名，以使公司股东和员工获得合理回报；在公司内建立系统运营管理平台和塑造团队协作精神，为公司的可持续发展奠定坚实的基础。但一年多以来，公司出现开发周期过长、产品开发跟不上消费者需求变化、向客户提供产品不及时、生产成本与竞争对手相比居高不下、销售业绩停滞不前等现象。公司在内部进行了一次员工民意调查，调查结果清晰地反映出几个主要问题：除了高层，员工大多不清楚公司愿景和战略，更不知公司如何有效地实施战略，以及公司战略和自己有什么关系；公司在实施变革后，员工工作责任发生了变化，但薪酬并未随之改变；员工薪酬的升降只以职务等级为准；员工的薪酬表面上以绩效考核确定，但绩效考核没有显示与公司战略的联系。

（一）薪酬现状分析

1. 薪酬项目组合分析

A 公司薪酬项目中的工资部分由基本工资和绩效工资组成，所有员工不论岗位高低都采用 90/10 的比例，没有反映出不同岗位（职务）对企业经营业绩产生的影响；这样的分布对于所有员工来讲，即使其绩效考核位于最末位，也能得到其对应工资（基本工资和绩效）总额的 95% 以上，绩效工资对员工已经失去了激励作用；而且，绩效工资不管对于高层还是低层员工都是短期性的，使员工特别是高层很难去关注企业的经营前景。由于公司目前正处于变革时期，因此要求员工不断地提升能力、对企业忠诚、承担责任、勇于进取等，但这些在公司薪酬组合项目中没有得到体现，使员工看不到自己的付出能够得到何种收益。

2. 薪酬内部公平性和外部竞争性分析

（1）内部公平性。由于公司的整个薪酬等级体系是基于职务等级建立起来的，因此没有体现出不同岗位的性质、职责、能力、技术、经验等要求，使岗位内部价值分配等级体系缺乏对企业经营贡献方面的综合考虑。

（2）外部竞争性。A公司在设计整个薪酬结构之初，没有考虑外部同行业的薪酬水平现状，从而造成管理职务人员的工资明显高于市场水平，而其他人员，如研究开发、人力资源和财务人员的薪酬水平明显低于市场水平，这给企业吸引和保留专业技术人员带来了不利影响。

3. 等级与幅度分析

A公司薪酬根据职务等级共分12等，等内没有再分级，在实际运行中难以使薪酬随着员工的业绩和能力，以及岗位调整等做出动态变化。因此，升职成了员工获得薪酬增加的唯一机会。由于难以获得加薪机会，加上外部薪酬水平的变化，造成公司在吸引人才方面陷入困境，而且老员工对薪酬水平现状也非常不满。另外，薪酬等级的级差很大，薪酬每一次晋升的比例比较大，达到25%。

4. 薪酬与绩效分析

A公司每个月对员工进行绩效考核来决定其绩效工资，主要集中在对生产和销售人员的考核，考核由员工的直接上级进行，人力资源部进行复核和归总。考核主要是从工作态度、工作任务和出勤方面进行，以确定员工的绩效等级。绩效考核结果共分为三级：一等（优秀）、二等（称职）、三等（不称职），其相应等级的考核系数为1.1∶0.9∶0.7；并采取强制分布法将员工考核一、二、三等的比例控制在10%∶60%∶30%的范围内。但由于只对员工进行绩效考核，中高层管理人员未纳入整个绩效考核系统，因此在员工中造成了一种不公平感；而且员工的绩效工资所占比例很小，绩效高低对个人工资的总体收入影响很小，以至于绩效工资失去了对员工绩效的激励作用。

5. 对薪酬现状的总结

A公司的薪酬主要是以管理职务为基本单位进行价值分配，薪酬与职务等级体系相匹配，晋升也就成为员工获取薪酬增加的主要动力。因此，员工关注的是企业内部的等级或地位，再加上对员工的评价来源于其上级，致使员工行为的关注焦点由外部客户转变为自己的上级。

A公司不同工作性质岗位的薪酬晋升通道没有打开,从公司发展的角度看,专业技术类(研究开发、人力资源、财务管理、市场营销等)岗位将不断增加,因此,目前的薪酬晋升路线很难适应专业技术类岗位的发展要求。

现在,A公司要在激烈的市场竞争中取得经营业绩,必须将目光转向其外部客户,关注客户的需求、变化和想法。这就要求企业改变其经营战略和经营方式,转变员工工作行为的关注对象,不断增强能力,提高绩效,以员工的最优业绩组合来达到公司的经营目标。

(二)基于战略的薪酬体系的建立

某管理咨询公司对A公司薪酬进行详细分析后,认为A公司的薪酬显然与公司的经营战略基本没有什么关联。所有薪酬激励都是面向权力和地位的,不是把员工和管理者团结起来,而是将他们对立起来;基于绩效激励的薪酬部分,既没有与员工的工作业绩联系起来,也没有和企业的经营业绩相关联,绩效工资在奖励业绩方面没有起到应有的作用;而特别奖励基本上是在中高层管理者之间进行竞争,大多数员工很少关注。

基于这些原因,A公司必须首先明确公司的薪酬战略。薪酬战略必须支持企业的经营战略和价值观,有利于强化公司的核心能力或关键领域。因此,公司对企业愿景、经营战略进行重新审视,一致认为以下几点是公司经营成功的关键:

(1)关注客户需求,快速地对客户需求做出响应;

(2)以客户需求为导向进行产品研发,并缩短产品研发周期;

(3)鼓励员工创新,注重产品质量,压缩产品制造成本和生产周期;

(4)增强员工的知识和能力,并快速运用于工作实践;

(5)在公司内部创造多渠道的晋升路线,使员工与公司一起成长;

(6)不同的员工都应从公司经营业绩增长中获得收益;

(7)团队的协作奋进有利于员工取得最好的工作成果。

为了强化A公司的这些关键成功领域,结合公司人才配置战略、经济承受能力和同行业薪酬现状等因素,确定了公司薪酬战略。公司薪酬应具备四个目标：

第一，薪酬要能吸引人员进入企业；

第二，薪酬要能够留住员工为企业持续服务；

第三，薪酬要能驱动员工的行为和业绩；

第四，薪酬要能够激发员工提升能力。

因此，公司以市场薪酬水平为主导，结合内部岗位价值评估确定各个岗位的薪酬标准，中高级人员的薪酬水平定位于市场中高端水平，其余人员定位于市场薪酬中等水平；改变一岗一薪现状，压缩公司薪等，扩展薪等内部的级数，为员工发展打开薪酬晋升的通路；建立薪酬业绩导向，鼓励高层人员既要关注公司近期目标，也要关注公司的长远发展；明确以能力为基础的绩效贡献是员工获得加薪的标准。

某管理咨询公司在明晰了A公司的薪酬战略以后，建议建立一种有利于公司内部公平和外部竞争的薪酬体系。

1. 建立员工职业发展通路

A公司要在关键领域获得成功，以支撑公司经营业绩的成长，员工能力的提升对A公司的经营发展非常重要。为鼓励员工不断学习、开发自己的潜力以提升能力水平，公司采取了下列措施来激励员工：

（1）配合员工职业晋升路线建立任职资格体系。依据公司不同系列岗位的性质、特点等，明确不同岗位需要的核心能力，如培养他人、服务意识、主动性、影响力、创新能力或团队精神等，对这些能力进行清晰的定义，并在企业员工中进行测试，建立起员工基于能力的任职资格体系。每一个员工，即使是普通工人，只要能力得到提升，并经公司内部鉴定，也可从初、高级操作员晋升到技师，或专业技术和管理类等岗位，为员工提供了广阔的成长空间。

（2）建立基于能力和绩效的加薪标准。员工只有在能力达到相应标准，经公司员工能力评估中心认定后才有资格晋升工资标准；否则，即使员工业绩再好，如果能力没有得到提升，也不能进行加薪；而对员工绩效的认可已在可变薪酬（绩效工资、年终效益工资和嘉奖）中予以充分体现。

2. 薪酬组合策略

依据经营战略和对薪酬现状的分析，将 A 公司现有薪酬组成的三个主要部分——基本工资、绩效工资和福利，重新划分为六个部分，即基本工资、绩效工资、年终效益奖金、分红、嘉奖和福利。

基本工资是 A 公司员工具有保障的工资部分，处于市场薪酬水平的中端，加上绩效工资，使员工薪酬总量水平处于市场的相对高位，以保持公司薪酬水平的总体竞争力，从而保留和激励公司员工。基本工资的确定主要考虑岗位所需的能力、经验、贡献和任务等，而不仅仅考虑职位权力大小，以确保薪酬的内部公平性。

绩效工资是员工基于绩效可能获得的相应的工资，绩效工资占基本工资的比例将得到提高。其评估方式是以业绩为基础，再结合团队内部个人绩效考核，以体现公司既注重团队绩效，也注重个人贡献。

年终效益奖金并不是员工薪酬的必需部分，它与公司整个年度的经营业绩目标相关，向员工提供获得更多工资的机会，而不是获得更多工资的保证——为员工创造可以分享公司经营成长所带来的收益的机会。

年终分红是公司为高层人员提供的一种长期激励措施，以使高层在关注公司短期利益的同时，更关注公司的长远发展。年终分红采取递延支付策略，在公司经营阶段战略中逐步兑现。

3. 建立工资结构

针对行业类似企业和公司不同工作岗位的结构和性质，将整个公司的工资结构数目定为四种——管理人员工资结构、专业技术人员工资结构、销售人员工资结构和生产操作人员工资结构。公司人力资源部依据岗位所需的能力、经验、贡献和任务繁简等提取岗位评价薪酬要素，组织人员进行评估，通过对评估结果进行统计和分析，将公司的薪酬划分为 6 个薪等。

确定薪酬级别的范围。首先，确定关键（基准）岗位评价结果与外部岗位市场价格之间的联系，公司在所有岗位中抽取与市场薪酬调查中获得的岗位说明书相对应的岗位为基准岗位，对其与外部对应岗位进行市场薪酬对比分析，以确定公司基准岗位的市场薪酬水平——6 个薪等的工资中位值水平。

其次，参照市场同一薪酬级别岗位的最高和最低工资水平差额，综合考虑各个级别岗位所需的能力、技术、经验、责任和对公司的价值，以水平差额的方法来确定最高和最低薪酬水平的差额。比如，助理工程师岗位的中位值为 4000 元，其所在级别的最高与最低差额为 30%，则该级别最低工资水平 = 中位值 ÷［100% +（差额 ÷2）］= 4000 ÷［100% +（30% ÷2）］= 3478（元）；最高工资水平 = 最低工资水平 +（30% × 最低工资水平）= 4521（元）。

最后，以不同薪酬等级的差额水平，均等划分等级内部的小级，使员工在职位没有晋升的条件下，也能依据业绩和能力进行薪酬调整，从而建立具有内部合理性和外部竞争性的薪酬结构体系。

4. 可变薪酬的确定

某管理咨询公司依据上述可变薪酬解决思路，在分析了 A 公司的各种影响可变薪酬的因素后，从以下几个方面确定公司的可变薪酬，使薪酬激励与企业经营绩效相联系。

绩效工资是公司对员工工作业绩进行激励所采用的薪酬对策，在公司所有岗位薪酬水平的基础上，依据不同岗位系列的工作性质和对企业经营的影响程度，绩效工资占薪酬总额的比例各不相同，不再是所有员工不论职位系列和级别高低都一样是 90/10 的比例。

年终效益奖金和整个公司的经营目标挂钩，由董事会依据公司完成年度经营目标的实际情况计提，实际上是为员工创造了一种享有公司经营成长业绩的激励措施。

公司设置嘉奖主要是为了及时认可部门或员工的重大工作成果，以利于对工作贡献突出的相关部门和员工进行奖励，因此，扩大嘉奖的奖励范围，使公司所有员工都有机会得到，并于当月发放，以提高嘉奖对员工的强化作用。对于嘉奖总金额，从公司年初工资总额中预提 2% 备用。

分红是公司依据发展情况对中高级管理人员和关键核心员工的长期激励。参与对象主要为公司中高级管理人员和关键核心员工。具体做法是：

本年分红所得现金 = 上年该员工的累计分红资本金 × 本年决算净资产收益率

式中，分红的资本金由公司董事会决定，并可于每年依据考核相应增加；

决算净资产收益率以当年财务年终核算为准。

● 净资产收益率低于 10% ~ 15% ，则资本金不增加，只按已有的分红资本金进行分红；

● 净资产收益率低于 10% ，则当年暂停分红，资本金不再增加，但已有分红资本金不取消；

● 分红资本金逐年增加，不能提取为现金或转让，且没有任何实际股东权利，也不实际拥有股份；

● 员工降职、离职、待职或因其他原因离开岗位，则不再参与分红；

● 每年分红在下一年度分为 12 个月平均发放。

5. 强化薪酬与绩效挂钩

公司原有的绩效管理只对员工进行绩效考核，中高层管理人员未纳入整个绩效考核系统。考核是从工作态度、工作任务和出勤方面由员工的直接上级进行，是一种典型的为考核而考核的绩效管理方式。绩效管理既没有为员工指明业绩成长的路径和体现员工业绩贡献与公司经营战略的关联，也没有展示出公司绩效管理体系是公司经营战略执行的强有力的策略工具。因此，配合本次薪酬变革，转变原有的薪酬激励——等级晋升导向，A 公司通过下列思路重建了公司的绩效管理体系。

首先，公司以企业愿景与战略为基础，理解客户和他们的需求，这是绩效管理体系建立的前提——绩效成果应满足服务对象的要求，才能更具有意义和目的。

其次，明确企业要取得经营成功的关键领域。企业采用适合自己竞争的战略，并以此建立竞争优势。这就要求绩效管理能够为企业的经营战略提供支持和服务。比如，采用创新战略，其核心是以产品技术创新推动企业的经营发展，那么关键的成功领域就是快速市场响应、新产品开发、客户服务质量等，这就要求企业员工具备更快地学习新知识、新技术，以及适应新环境和团队协作等能力。

最后，明确表示企业履行关键领域的指标。为确保公司经营目标、计划以及相关政策、制度得到严格执行，公司运用平衡计分卡和目标管理的思想，从财务、客户、内部运营、学习成长四个方面展开，通过由上到下逐级分解的方法，先确定公司级的关键绩效指标，再依据公司级的关键绩效指标逐步分解到各个部门，进而分解到相关岗位人员。

通过以上措施，A 公司的业绩考核分为两级：一级是考核团队——部门；二级是考核个人——员工。部门考核依据不同指标采用多主体绩效考核方式进行。员工绩效考核又分为部门负责人和其他员工考核，公司部门负责人采用自评与委员会评估相结合的方式进行；其他员工考核由岗位服务对象进行，部门负责人进行归总和审核，同时采用百分制和强制排序的方法进行绩效考核系数的确定，并与员工绩效工资挂钩。

配合公司两级考核，员工绩效工资也做两级分配：一级由公司将绩效工资总额在部门间进行分配，部门绩效工资总额依据部门绩效工资标准总额、部门绩效考核等级和公司效益确定。二级由部门依据对员工的绩效考核在部门内部员工间进行分配。而且，公司还根据员工的绩效考核结果，采取了相应的绩效改善和沟通、申诉、末位警告及淘汰机制，以给予员工业绩改进的机会和增强员工的危机意识。

新的薪酬方案实施以后，公司出现了前所未有的新面貌，令管理层大受鼓舞。在总结 A 公司薪酬变革成功的因素后，我们得出的结论是：

企业薪酬体系的设计一定要以企业的战略作为出发点，薪酬战略要能够适应外部经营环境的变化，支持企业战略的实施。薪酬战略要有利于留住核心员工，强化企业的核心价值观，增强企业的核心竞争力。一个好的基于战略的薪酬体系应该成为企业吸引和保留人才、激励人才努力为企业做出贡献、帮助企业赢得竞争优势的一种有效手段。

薪酬水平设计篇

薪酬水平设计的流程。薪酬水平设计有以下六个步骤：

（1）制定本企业的薪酬原则与战略。

（2）岗位分析。

（3）岗位价值评估。

（4）市场薪酬调查，整理与对标。

（5）确定薪酬策略值。

（6）薪酬制度的管理和控制。

第一节　岗位分析及岗位评估

一、岗位分析

(一) 岗位分析流程

1. 岗位信息收集

在进行岗位分析之前首先要进行岗位信息收集，收集岗位工作内容和职责之间关系的信息，以为后续分析流程的步骤做准备。一般采用的方法有：问卷调查法、面谈法、观察法、资料研读法、工作日记法等。

2. 岗位职责分析

岗位信息收集完毕过后，需要根据岗位分析的六要素对其岗位职责信息进行分析整理，分解为几个关键部分。

3. 岗位工作分析说明书撰写

根据岗位说明书模板，以简洁的方式固化岗位工作分析结果，通常为岗位工作分析说明书。

(二) 岗位工作分析六要素

1. 岗位使命

岗位使命包含目标岗位的基本信息（岗位名称、所在部门、层级等）和该岗位存在的主要目的及价值。

2. 岗位职责

该岗位在公司中需要担负的关键责任以及相应的工作产出成果。

3. 岗位权限

根据岗位应负的责任，赋予该岗位相应的权利（如监管范围等）。

4. 工作关系

该岗位在组织中的位置，沟通关系通常用图、表形式表现。

5. 任职资格

通常指担任该岗位需要的最低资格和基本素质要求。

6. 工作环境

主要是指该岗位在工作时所处的心理环境和生理环境。

岗位分析的最终结果会汇集到岗位说明书上，薪酬设计意义上的岗位说明书要比用于招聘的复杂并全面一些。

岗位说明书样式如表 3 - 1 所示。

表 3 - 1　岗位说明书

岗位名称		岗位编号	
所在部门		岗位定员	
直接上级		工资等级	
直接下级数量	无（　），1~5 人（　），6~19 人（　），20~49 人（　），50 人以上（　）	薪酬类型	
直接下属的职称	高级（　），中级（　），初级（　）	岗位分析日期	

本职岗位工作目标：全面负责本公司的生产、技术、质量、设备机电、运转、生产统计、现场管理、安全生产管理工作，确保生产的正常运行。

| 职责任务标准指标一 | 工作职责： | | |
	工作任务	任务达成标准	考核指标

| 职责任务标准指标二 | 工作职责： | | |
	工作任务	任务达成标准	考核指标

| 职责任务标准指标三 | 工作职责： | | |
	工作任务	任务达成标准	考核指标

职责任务标准指标四	工作职责：		
	工作任务	任务达成标准	考核指标

职责任务标准指标五	工作职责：		
	工作任务	任务达成标准	考核指标

岗位影响力：

对公司年度业绩影响	对公司长期发展战略影响
对营业收入影响：0～10% （ ），10%～25% （ ），26%～50% （ ），51%～75% （ ），76%以上（ ）	无影响 （ ），单个项目的局部影响 （ ），单个项目的整体影响 （ ），某个领域的多个项目贡献 （ ），某个领域贡献（ ），子战略贡献 （ ），多个子战略贡献 （ ），整体战略贡献（ ）
对成本费用影响：0～10% （ ），10%～25% （ ），26%～50% （ ），51%～75% （ ），76%以上（ ）	
对营运保障影响：0～10% （ ），10%～25% （ ），26%～50% （ ），51%～75% （ ），76%以上（ ）	

岗位内外部沟通协作：

内部沟通协调	公司部门间沟通协调 （ ），公司内部员工间沟通协调 （ ）
外部沟通协调	作为买方，与供应商相关外部联系 （ ），作为商家，与客户相关外部联系 （ ）

任职资格：

岗位要求最低学历	高中以下 （ ），大专 （ ），本科 （ ），研究生 （ ）
专业	
专业培训要求	
相关工作经验	同岗位经验：1年内 （ ），1～2年 （ ），2～3年 （ ），3～4年 （ ），4年以上 （ ）
	同行业经验：1年内 （ ），1～2年 （ ），2～3年 （ ），3～4年 （ ），4年以上 （ ）
知识	具备单一专业知识 （ ），几项专业知识 （ ），专业知识加管理知识 （ ），专业知识加管理知识及综合应用 （ ）

技能技巧要求	◆具备质量、工艺、原料、操作、空调、设备、机电、安全等基本知识和技能
个人素质要求	◆身体健康，责任心强 ◆具有全面的组织、指挥、协调能力 ◆具有能独立解决生产中存在的重大质量、安全问题的指挥能力

工作问题分析的复杂性：问题明确（ ），通过实验判断（ ），通过分析判断（ ），有方向的风险判断（ ），风险决策（ ）

工作问题解决的创新性：按公司既定程序解决问题（ ），按公司制度，制订计划解决问题（ ），无指导性文件，要求自己设法解决（ ），先预测再设法解决问题（ ），需要经常冒险解决问题（ ）

使用工具/设备	
工作环境	自然环境：室内时间80%以上（ ），室内时间80%以下（ ），有20%以上工作时间在高温或有害环境中（ ）
	轻度体力（脑力）劳动（ ），经常性轻度体力劳动或深度脑力劳动（ ），重体力，高度投入的脑力劳动（ ）
工作风险	不面对工作矛盾（ ），需要面对工作矛盾（ ），经常且面对极大利益冲突的工作矛盾（ ）
工作时间特征	实行不定时工作制（公司常规工作制为双休）
所需记录文档	

备注：

二、岗位等级及岗位评估

(一) 岗位等级

岗位等级常常被企业作为划分工资级别、福利标准、出差待遇、行政权限等的依据，甚至被作为内部股权分配的依据。

(二) 岗位价值评估

岗位价值评估作为薪酬水平设计中最重要的一项基础工作，其操作难度比较大、技术性强、复杂但非常重要。在进行岗位评估时要注意"对岗不对人"。

（三）岗位评估的作用

1. 统一岗位价值观

帮助企业明确各个岗位的定位与权责，有利于使员工之间、员工和管理者之间对薪酬的看法趋于一致和满意。

2. 建立等级结构

岗位评估可以帮助企业建立起合理的等级结构，以引导员工朝更高的工作效率方向发展。

3. 系统性

岗位评估可以使企业内部的岗位与岗位之间建立起一种联系，并据此建立企业整个的薪酬支付系统。并且当有新的岗位设置时，可以找到该岗位较为恰当的薪酬标准。

（四）岗位评估实施步骤

（1）明确岗位评估目的与基本思路。

（2）确定岗位评估的方法。

（3）成立岗位评估小组。

（4）梳理所有岗位的岗位说明书并选择基准岗位。

（5）岗位评估的实施。

（6）岗位评估结果的综合分析、处理、反馈。

（7）编制岗位等级表。

（五）岗位评估方法

如图 3 - 1 所示，在四种方法中，要素记点法（也叫要素计分法）是最精确的，当然也是最复杂的一种方法，已经被所有全球知名公司采用。总体来说，从实际结果看，对岗位价值评估起到了良好的测评作用。从微观的角度看，由于要素记点法采用统一的价值标准，在细节上忽视了每个企业发展战略的个性化，总是不能够细腻地表现出公司的岗位价值观。为了更好地体现公司岗位价值观的个性，尤其是体现整个公司战略的个性化，定制式要素记点法应运而生。

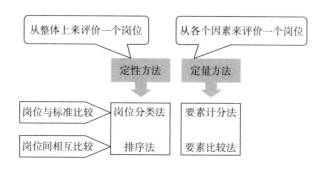

图 3 - 1　岗位评估方法

三、定制式要素记点法

要素记点法是对自我定制评价因素进行量化打分，对各种工作评定点数，以取得各工种的相对工作值，并据以定出工资等级的一种技术方法。

欧美等西方国家多采用 500 点记点法，而我国多采用 600 点记点法。要素记点法最直观的点数是 100 点或 1000 点——建议采用 1000 点。

（一）定制式要素记点法步骤

（1）确定关键因素及相应权重，根据企业的要求，找出最关键的若干因素。例如技能、努力、责任、工作条件等。

（2）确定关键因素内的子因素，定义每个要素。

（3）确定每个子因素的等级。例如把每个子因素分为五个等级，分别为：1 级、2 级、3 级、4 级、5 级。

（4）具体规定每个等级的标准。

（5）规定每个子因素的权重和各等级因素的点数。

（二）要素定义（举例）

1. 责任

在定制要素时要注意定义岗位持有者肩负的职责以及应该完成的任务和

目标。

2. 专业技能

专业技能是指完成某项工作必须具备的能力。不同部门和岗位会有不同的专业技能要求，同时有些专业技能和核心能力又会有所交叉。

3. 解决问题难度

解决问题难度是指岗位持有者在工作中要处理的问题的难易程度。

4. 工作条件

工作条件是指岗位持有者在工作时面临的物理环境等方面的内容。

各要素在岗位价值评估中的重要性是不一样的，每个公司的侧重点也会不同，我们可以通过赋予它们不同的权重去影响岗位价值评估的结果。大多数情况下，很多人设立权重总是在拍脑袋，拼凑数字。以下介绍的权值因子法就是通过计算得到精确的权重的非常有用的计算方法。

（三）要素确定及权重计算（权值因子法）

表 3 - 2　要素确定

	对公司的影响	解决问题	责任及监督范围	知识经验要求	沟通	工作环境与风险	小计	占比（%）	调整（%）
对公司的影响		3	3	3	3	3	15	25	25
解决问题	1		2	2	3	3	11	18	20
责任及监督范围	1	2		3	3	3	12	20	20
知识经验要求	1	2	1		2	3	9	15	15
沟通	1	1	1	2		3	8	13	10
工作环境与风险	1	1	1	1	1		5	8	10
总计	60								

如表 3 - 2 所示，将要素内容分别列在行中和列中，将横向所列的各项与纵向所列的各项进行一一比较，若重要性较高，其记 3 分，如：其对公司的影响比解决问题重要得多，得分为 3 分。在第二行，解决问题这个要素与其他要素比较时，比"对公司的影响"重要性要小，故得了 1 分；和"责任及监督范围"以及"知识经验要求"比较时感觉重要性相仿，就得了 2 分，与

"沟通"以及"工作环境与风险"相比重要性又分别高于它们，就分别得了3分。按照项目把每行得分加总记在小计里，并将小计加总成总计，各项权重就是各项小计/总计的百分制计法。这就是权值因子法计算的权重，若要将权重设置为5或10的倍数，也可以视具体情况调整一下。

（四）要素分级（举例）

（1）1级：要求极低的精神集中能力。

（2）2级：主要事务要求一定程度的思想集中度。

（3）3级：随时需要精神集中，安排有适当放松或休息时间。

（4）4级：要求较高的精神集中，安排有频繁的放松或休息时间。

（5）5级：由于工作本身的技术性和创造性，要求极高的精神集中度，安排极多次的放松或休息时间。

（五）要素分级赋值

对每个付酬因素赋予不同的分数（点值），分数的大小由这个因素在全部的付酬因素中所占的重要性而定。之后，对每一因素进行分级（比如分成5档），给出每档所对应的分数。同时对每个等级还要给出具体的定义。注意，每一相邻等级必须是清晰可辨的（可用算术法，几何法等方法进行赋值）。

首先，根据上述定义，确定每个岗位在每一因素项上的得分；其次，把各项得分汇总，得出每个岗位的总分；最后，按照一定的归级标准（比如每25分相差一级），得出每一岗位的具体等级。

（六）岗位价值评估委员会

岗位价值评估委员会由公司领导担任名誉主任或主任，决定评估的战略及方向。岗位价值评估委员会应由人力资源部牵头，任命人力资源部主管人员担任委员会执行委员。同时各主要部门领导（熟悉各岗位具体情况）也要参与评估，最终由委员会所有人员共同讨论确定岗位价值评估标准。

第二节 岗位价值评估体系实例详解

一、评定岗位价值五大要素

（1）对公司的影响。

（2）解决问题。

（3）责任监督范围。

（4）知识经验。

（5）沟通。

二、要素权重计算（举例）——权值因子法

要素权重计算如表3-3所示。

表3-3 要素权重计算

	要素	权重（%）
平均	对公司业绩影响	30
	解决问题	25
	管理责任范围	20
	知识经验	15
	环境风险	10

（一）对公司业绩的影响（权重30%，300分）

对公司业绩的影响是指岗位工作结果给公司业绩带来的影响程度，包括对当年业绩和战略发展两方面影响的二级要素。

1. 二级要素——对当年业绩的基本影响（150分）

对当年业绩的基本影响主要关注：收入、成本、质量三方面对当年业绩

的影响。

"专业"指某个专业职能；"部门"指某个一级部门（指设计、财务、人力资源、项目部），或者集团下一级子公司或者分公司；"集团"管理几个子公司或分公司或几个职能部门。

设计时主要从三个角度进行量化以便测量：

（1）收入（75分），按照岗位对公司收入的影响程度，共分为5个级别；

（2）成本费用（45分），按成本费用管控范围的弹性对公司的影响，共分为5个级别；

（3）质量（30分），指产品/工作质量责任大小，共分为6个级别。

具体的分值可参照表3-4。

表3-4 对公司业绩的影响分值表（150分）

要素	级别	内容	分值	得分
收入（75分）	1级	无直接影响	5	
	2级	间接关系到局部的收入	23	
	3级	直接关系到局部的收入	41	
	4级	间接关系到全局的收入	58	
	5级	直接关系到全局的收入	75	
成本费用（45分）	1级	无直接影响	5	
	2级	间接关系到局部的成本	15	
	3级	直接关系到局部的成本	25	
	4级	间接关系到全局成本	35	
	5级	直接关系到全局的成本	45	
质量（30分）	1级	对某类作业局部环节质量负责	5	
	2级	对某类作业质量负责	10	
	3级	对质量的控制负责	15	
	4级	对质量体系的一个方面负责	20	
	5级	对质量体系的两个以上方面负责	25	
	6级	对质量体系整体负责	30	

2. 二级要素——对战略发展的影响（150 分）

对战略发展的影响主要是指该岗位对公司战略及中长期发展的贡献或对公司整体运营风险的控制。需要根据目标岗位的贡献程度进行划分，总共分为 7 级，其中无明显贡献的为 10 分。我们将对公司战略发展的影响命名为成长促进要素。

具体的分值可参照表 3 - 5。

表 3 - 5　成长促进要素分值表（150 分）

级别	成长促进要素	标准分值	得分
1 级	无明显贡献	10	
2 级	某个领域间接贡献	33	
3 级	某个领域直接贡献	56	
4 级	某几个领域贡献	79	
5 级	子战略贡献	102	
6 级	多个子战略贡献	125	
7 级	整体战略贡献	150	

（二）解决问题（权重 25%，250 分）

公司的各个岗位经常要面临并要解决一些专业的业务问题，这些问题往往具有复杂性和创造性，故影响岗位问题解决难度的二级要素有两个，即复杂性和创造性。

1. 二级要素——复杂性（125 分）

复杂性是指岗位本身就具有的、需要解决的一些问题的复杂程度，以及由于管理幅度和管理难度的不同所决定的工作内容、工作过程以及工作方法的复杂程度。

复杂性共分为五级：

（1）1 级——问题已经确定。工作的内容或工作中会出现的问题确定（或者是很少能有其他选择），基本属于个别、具体环节的操作，其工作步骤和工作过程都是例行性质的。即该岗位在工作中经常面临问题，其问题的解决方案及方式具备明确的操作步骤和操作方式。例如，月度员工考勤归纳等。

（2）2级——问题需要一定的方法判断。工作的内容或工作中会出现的问题比较确定，但涉及若干方面的操作，可对工作的步骤、过程及方式进行选择，基本上工作的完成是相对独立的。即问题需要依据常规的或日常的方法进行判断。例如，筛选简历等。

（3）3级——问题需深入研究确定。工作的内容或工作中会出现的问题具有略微的不确定性，往往会涉及较复杂的专业业务问题，并且通常需要从其他问题的相关性入手才能加以解决。拟定工作步骤和方法及实施过程可在他人的指导或参考有关资料或借鉴他人经验后独立完成。即通过大量信息数据的搜集并进行进一步的分析讨论，在讨论过后才能做出判断。例如，市场开发、设计方案拟定等。

（4）4级——问题判断有明确概率。工作的内容或工作中会出现的问题具有一定的不确定性，其往往涉及较多的复杂专业的业务问题，需要将多个独立的问题联系起来与若干个部门协调加以解决。在拟定工作步骤、工作方案和工作实施过程中要独立地参考多种资料和掌握有关因素的动态，并需要吸收运用国内外先进的管理技术与管理方法。即问题的原因、出处或对问题正确性的判断可遵循一定的规律。例如，分公司总经理要解决市场销量下滑的问题。

（5）5级——问题判断无明确概率。工作内容或工作问题的解决目标具有较大的不确定性，工作任务包括承担企业重要业务项目、管理课题；拟定工作计划、工作标准；解决企业、行业专业系统的疑难业务问题；要跨越多个部门、专业统筹地考虑相关管理目标；整体性上掌握企业经营管理的现状和动态；系统地吸收、运用，创造性地借鉴国内外先进的管理技术方法。即问题一般所涉及的因素难以把握、判断本质的难度大、无一定的规律可循。例如，战略发展规划的制定，中长期企业整体经营规划等。

2. 二级要素——创造性（125分）

创造性是指岗位完成工作任务时必须融合各种信息，融合分析过后才能做出有关的判断及相应的创新。

创造性共分为五级：

（1）1 级——按程序制度解决。工作时无须或较少需要独立做出判断，发生意外时必须请示上司。例如，记账等。

（2）2 级——按政策规定解决。工作需要根据有关环境条件的要求和限制进行简单判断，以确定工作步骤和过程。例如，薪资结算、招聘考核、项目执行管理等。

（3）3 级——需要寻求新的解决方法。工作需要通过深入的研究和思考，在涉及复杂概念的工作分析中，做出有效的判断以及必要的创新。即在现有的政策规定之外寻找更合理的解决方法。例如，设计方案策划、对管理体系的改进等。

（4）4 级——需要进行预测判断解决。工作要通过全盘深入地分析和思考，在涉及复杂概念和相关因素的重新组合以及协调工作中，做出正确的判断和较大的创新。例如，带有预测性的市场策划、设计策划、年度经营策划、人力资源规划、技术研发等。

（5）5 级——需要进行风险性决策解决。工作需要通过较为艰巨的研究和探索，在解决重大实际问题中，做出有价值的判断和重大的创新。例如，投资决策、战略发展规划。

具体的分值可见表 3 - 6。

表 3 - 6　解决问题要素分值表（250 分）

	级别	内容	分值	得分
复杂性 （125 分）	1 级	问题已经确定	10	
	2 级	问题需要一定的方法判断	39	
	3 级	问题需要深入研究确定	68	
	4 级	问题判断有明确概率	97	
	5 级	问题判断无明确概率	125	
创造性 （125 分）	1 级	按程序制度解决	10	
	2 级	按政策规定解决	39	
	3 级	需要寻求新的解决方法	68	
	4 级	需要进行预测判断解决	97	
	5 级	需要进行风险性决策解决	125	

（三）管理责任范围（权重20%，200分）

管理责任范围是指公司赋予本岗位职权的大小，其二级要素有营业规模、人数和工作独立性三个。

1. 二级要素——营业规模（80分）

岗位对于营业规模大小的影响分为直接和间接两种。

2. 二级要素——人数（60分）

人数要素的级别需要根据公司所拥有人数的不同，按照一定的比例进行划分。如目前公司的总人数为200人左右，人数等级分为5级，1级0~8人、2级9~15人、3级16~65人、4级66~150人、5级150人以上。

3. 二级要素——工作独立性（60分）

工作独立性是指根据岗位与上级的关系性质，将该岗位工作时所需要的独立程度进行分级打分。

工作独立性共分为6级：

（1）1级——分工明确，时刻受到控制（后勤服务人员、操作工人）。

（2）2级——间歇性受到控制（行为）（质检员、销售员）。

（3）3级——根据指令性阶段受到控制（行政人员等）。

（4）4级——按照阶段性目标工作（部门经理、项目经理、分公司副总、主任、工程师）。

（5）5级——按照原则工作以效果控制（总监级、高级工程师级）。

（6）6级——按照战略目标工作（总裁级、专家级）。

具体的分值可见表3-7。

表3-7　管理责任范围分值表（200分）

	级别	内容	分值	得分
营业规模 （80分）	1级	1/3营业规模会被间接影响	10	
	2级	1/3营业规模会被直接影响	24	
	3级	2/3营业规模会被间接影响	38	
	4级	2/3营业规模会被直接影响	52	
	5级	整个的营业规模会被间接影响	66	
	6级	整个的营业规模会被直接影响	80	

	级别	内容	分值	得分
人数 （60分）	1级	不管理其他员工	5	
	2级	管理一个模块	19	
	3级	管理一个部门	33	
	4级	管理一个以上的部门	47	
	5级	管理整个公司	60	
工作独立性 （60分）	1级	分工明确，时刻受到控制	5	
	2级	间歇性受到控制（行为）	16	
	3级	根据指令性阶段受到控制	27	
	4级	按照阶段性目标工作	38	
	5级	按照原则工作以效果控制	49	
	6级	按照战略目标工作	60	

（四）知识经验（权重15%，150分）

知识经验要素分为知识和经验两个子要素。

1. 二级要素——知识（60分）

指从事本岗位工作必须具备的基本学校教育或其他进修等所获得的知识，即国家承认的高中、中技、中专、大专、本科、研究生等学历证明和知识水平。

2. 二级要素——经验（90分）

指从事本岗位工作必须具备的，在专业实践中积累且最终所获得的知识，该经验知识分为职务经验（从事与本岗位职责所要求相同的工作年限）和行业经验（从事与本公司同行业的工作年限）两个子要素，并根据年限分别分为5个等级。

具体的分值可见表3-8。

（五）环境风险（权重10%，100分）

有些岗位在工作时，其所处的环境会对人员造成一定的伤害。环境风险就是指其无害、有害和潜在的危险程度，以及岗位所在的工作场所所接触有害环境的概率。分为环境条件和工作风险两个子要素。

表 3 - 8　知识经验要素分值表（150 分）

	级别	内容	分值	得分
知识（60分）	1级	中专以下，初中以上	5	
	2级	大专以上	23	
	3级	本科以上	41	
	4级	研究生以上	60	
经验（90分）	职务经验（54分） 1级	1~3年	5	
	2级	3~5年	17	
	3级	5~8年	29	
	4级	8~10年	41	
	5级	10年以上	54	
	行业经验（36分） 1级	1~3年	5	
	2级	3~5年	13	
	3级	5~8年	21	
	4级	8~10年	29	
	5级	10年以上	36	

1. 二级要素——环境条件（60分）

包括生理条件（不同强度的体力、脑力劳动等）和自然环境（户内外高温、严寒及其他恶劣气候、噪声、作业或施工现场接触有毒物质，不同程度危险性设备、科学实验的操作，外地陌生环境等）两方面的要素总称。

生理条件共分为三个等级：

（1）1级——较好。简单轻度体力劳动或者无难度脑力劳动。例如，司机、文书、后勤服务员等。

（2）2级——正常。经常性轻度体力劳动和一般难度、深度的脑力劳动。例如，生产工人、车间主任、（包括中层）行政管理人员、经理、总监、工程师等。

（3）3级——较差。经常性高强度的体力劳动（包括可能会影响身心健康的劳动)、需要脑力高度投入并运用发挥的劳动。例如,总经理、专家、高工、运营总监、财务总监、总裁、搬运工等。

自然环境共分为三个等级:

(1) 1级——较好。岗位工作环境只要求一般的安全措施,不需要特别的健康安全预防措施或长期户外工作。例如,行政管理人员、办公室职员等。

(2) 2级——正常。岗位工作环境潜藏着一定程度的危险性,只要求一般的安全预防或间断的户外工作。例如,销售员、司机等。

(3) 3级——恶劣。岗位工作环境存在着一定的危险性和不适,需要特别的安全预防措施,如承受有毒物质或气体、高温、尘土、油垢、噪声、震动或接触传染菌、刺激性化学物品和放射性物质等(指在此类工作环境中工作时间超过总工作时间的一半以上的人员)。例如,生产工厂工人、研发人员等。

2. 二级要素——工作风险(40分)

工作风险是指岗位的责任风险,以及在工作中需要面临的、有潜在可能性的、需要承担的公司内部工作关系的风险等。

工作风险共分为三个等级:

(1) 1级——一般。无明显的工作风险,不直接面对工作矛盾的工作岗位。

(2) 2级——较大。具有一定的风险,工作中经常面临内部、外部的矛盾。

(3) 3级——恶劣。具有竞争性、淘汰率高、工作矛盾冲突大、要求精确的工作岗位。

具体分值见表3-9。

表3-9 环境风险分值表(100分)

自然环境 生理条件	1级——较好	2级——正常	3级——恶劣
1级——较好	5	15	25
2级——正常	15	25	35
3级——较差	25	35	60

内容	级别代码	级别内容	分值
工作风险	1 级	小（一般）	5
	2 级	中（较大）	28
	3 级	大（恶劣）	40

三、如何做岗位价值评估

（1）按要素逐一展开，对照标准中定义的级别赋值，给予评判打分。

（2）评估委员会共同讨论形成统一意见。

（3）注意各个不同岗位间不要出现明显的倒置。

（4）最后统计总分后，再做一次总体回顾，对有疑问的岗位要做再一次的评估以便修正。

确定公司职级数。

1. 对于在咨询公司报告中比较容易匹配岗位的公司

（1）参考咨询公司的薪酬报告。

（2）匹配本公司最低和最高岗位。

（3）将最低与最高岗位之间相差的职级的个数定为职级个数。

2. 对于在咨询公司报告中不容易匹配岗位的公司

（1）职级数数字定在取整（岗位数/5），建议职级数不少于 8 级。

（2）销售额超过 100 亿元的下设子公司，其集团公司数目的总数不超过 20 个。

（3）没有子公司的有限公司不超过 16 个。

四、如何建立岗位职级表

（1）按岗位价值高低排序。

（2）找到最高分和最低分。

（3）职级岗位价值分差 =（岗位价值最高分 − 岗位价值最低分）/职级数。

（4）第一职级岗位价值范围：最低分～最低分＋职级岗位价值分差。

（5）其他职级岗位价值范围：上一级职级岗位价值范围高值＋1～上一级职级岗位价值范围高值＋1＋职级岗位价值分差。

将具体的每个岗位按照岗位价值对照每个职级岗位价值范围归入到相应的职级，在此基础上生成岗位职级序列表。同时根据职级并参考市场中的职级及岗位工作内容，进行对标分析。并在此基础上进行薪酬的水平设计。

例如：岗位价值评估结果最低分为 135 分，最高分为 957 分。如果该企业的职级规划为 12 级，每个职级的岗位价值如表 3 - 10 所示。

表 3 - 10　评估结果

职级	最低岗位价值	最高岗位价值
1	135	204
2	205	272
3	273	341
4	342	409
5	410	478
6	479	546
7	547	615
8	616	683
9	684	751
10	752	820
11	821	888
12	889	957

把每个具体岗位价值点数与表 3 - 10 对照后，就可以得到每个岗位分别属于哪个职级了。如表 3 - 11 所示。

表 3-11　职级

序号	岗位	价值评估点数	职级
1	包装工	135	1
2	小客车司机	155	
3	总装配技工	190	
4	市场部文员	201	
5	数控机床操作工	230	2
6	食堂主管	247	
7	生产检验员	275	
8	出纳会计	293	3
9	招聘专员	301	
10	生产线拉长	339	
11	制造技术工程师	345	
12	采购工程师	360	4
13	总经理秘书	372	
14	生产计划调度员	390	
15	法务部律师	430	
16	区域销售主管	465	5
17	薪酬主管	490	
18	成本主管	523	6
19	研发工程师	546	
20	车间主任	578	
21	行政经理	601	7
22	办事处经理	608	
23	培训经理	615	
24	高级研发工程师	632	
25	采购经理	645	8
26	研发项目经理	668	
27	产品经理	705	
28	财务经理	708	9
29	市场经理	746	
30	大区销售总监	780	10

序号	岗位	价值评估点数	职级
31	人力资源总监	865	
32	工厂厂长	868	
33	总工程师	872	11
34	销售总监	875	
35	财务总监	878	
36	总经理	956	12

五、薪酬水平设计流程

（1）需要时进行市场数据调整。

（2）建立和调整市场薪资曲线。

（3）决定公司薪酬策略值中位数和中位数的级差。

（4）决定各职级的薪酬带宽。

（5）分析目前薪资与计划薪酬结构的吻合性。

（6）准备薪资计划。

六、薪酬市场报告研读及数据的整理

（1）市场数据样本量越大（如超过 200 个）越有统计意义。

（2）对小样本量（如小于 10 个）市场数据需要甄别。

（3）剔除非典型性数据。

（4）市场对标口径：一般为全年总现金。

（5）年度总现金 = 年度基本收入总额 + 年度津贴补贴收入总额 + 年度变动收入总额。

七、市场竞争力分析

分位值（见图 3 - 2）：

10 分位值：表示有 10% 的数据小于此数值，反映市场的低端水平。

25 分位值：表示有 25% 的数据小于此数值，反映市场的较低端水平。

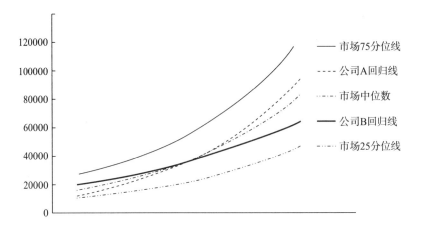

图 3 - 2　市场竞争力

50 分位值：表示有 50% 的数据小于此数值，反映市场的中等水平。

75 分位值：表示有 75% 的数据小于此数值，反映市场的较高端水平。

90 分位值：表示有 90% 的数据小于此数值，反映市场的高端水平。

八、薪资级幅范围的框架

薪资级幅范围的框架如图 3 - 3 所示。

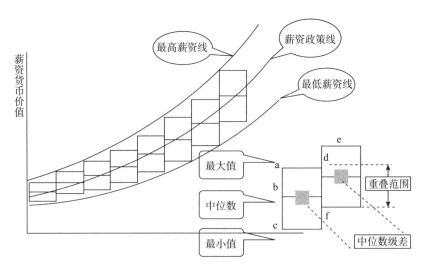

图 3 - 3　薪资级幅范围的框架

薪酬范围图以及回归线的制作过程如表 3 - 12、图 3 - 4、图 3 - 5、图3 - 6 所示。

表 3 - 12　市场值

职级	最小值	薪酬中位值	最大值
1	37050	39000	40950
2	40205	43000	45795
3	45080	49000	52920
4	50540	56000	61460
5	59128	67000	74873
6	71380	83000	94620
7	88510	106000	123490
8	113858	141000	168143
9	151613	195000	238388
10	210835	283000	355165
11	303170	427000	550830
12	479250	675000	870750

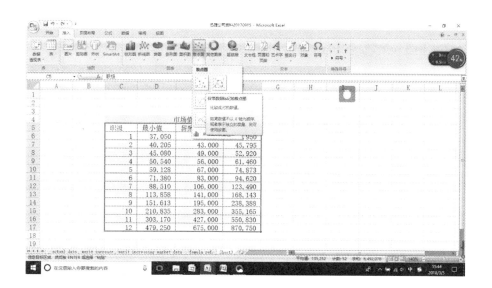

图 3 - 4　录入市场值

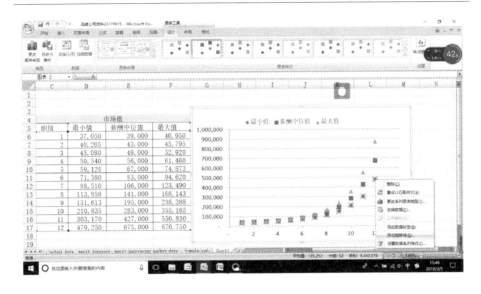

图 3－5　散点图

三列数据分别以不同的颜色体现成散点，横坐标是职级，纵坐标是对应的薪酬值。

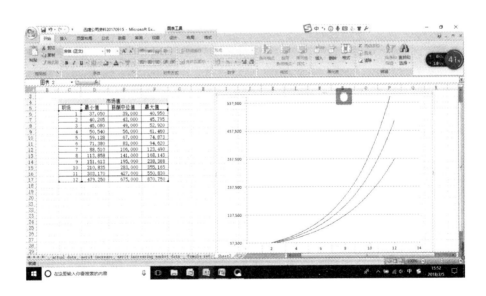

图 3－6　回归线

把数据标记设置为"无"就可以制作成指数回归线了。

九、薪酬分析图表名词解释

（一）中点值级差

描述了从一个等级向高一等级移动时薪酬的增加幅度。

（二）范围宽度

由同一等级的诸多岗位薪酬的最大值与最小值所决定。

（三）市场值

来自市场薪酬调查报告的值（注意样本数量决定数据的典型统计意义）。

（四）策略值

对公司外部市场状况、内部人才流动状况以及人才和薪酬战略进行综合考量以及规划并准备逐步实施的薪酬值。

（五）实际值

目前公司各职级实际薪酬的数值（注意统计口径的一致性）。

十、如何确定带宽

根据岗位的职级变化的带宽指引：
（1）初级岗位：15%～25%。
（2）中级岗位：25%～40%。
（3）高级岗位：40%～60%。
通过带宽和中位值计算最大值和最小值的方法见图3－7。

图 3 - 7　最大值和最小值

公司薪酬策略值的设计：对标市场值后根据公司薪酬战略以及公司人才的流失情况设定公司薪酬策略值。

1. 根据公司薪酬战略调整

根据公司经营情况，对那些公司核心岗位所在的职级的薪酬中位值进行适当的高定位，如定位 60 分位、75 分位甚至更高，也可以通过增加百分比的方式进行细节数据调整。

2. 根据公司核心岗位员工流失情况调整

对人才流失比较高的核心岗位所在的职级定位，也应该在市场对应的数据上进行适当的提高，如定位 60 分位、75 分位甚至更高，也可以通过增加百分比的方式进行细节数据调整。

公司的策略值设计确定后可以在 Excel 中自动绘制职级薪酬范围（Pay Range）图了。

公司薪酬策略值处理如表 3 - 13 所示。

表 3 - 13　公司薪酬策略值处理

	Min	P25 - Min	P50 - P25	P75 - P50	Max - P75	Max	实际值 Min	实际值 P50	实际值 Max
1	44459	2223	2223	2223	2223	53351	43400	44600	44600
2	50289	2766	2766	2766	2766	61353	44600		64000
3	56900	3414	3414	3414	3414	70556	61142	77000	110000
4	64396	4186	4186	4186	4186	81140	59600	64532	104000

续表

	Min	P25 – Min	P50 – P25	P75 – P50	Max – P75	Max	实际值 Min	实际值 P50	实际值 Max
5	72899	5103	5103	5103	5103	93310	59540	71600	122000
6	83621	6272	6272	6272	6272	108707	68000	92000	140000
7	95942	7675	7675	7675	7675	126643	71000	130400	182000
8	110104	9359	9359	9359	9359	147539	68000	127400	200000
9	126385	11375	11375	11375	11375	171883	80000	132050	164000
10	146350	13903	13903	13903	13903	201963	152000	207876	320000
11	170226	17023	17023	17023	17023	238316	401990	401990	401990
12	198877	20882	20882	20882	20882	282405	356808		426950
13	233376	25671	25671	25671	25671	336062			
14	275064	31632	31632	31632	31632	401594			
15	324260	38911	38911	38911	38911	479905			
16	382324	47791	47791	47791	47791	573486			

自动绘制的职级薪酬范围如图 3 – 8 所示。

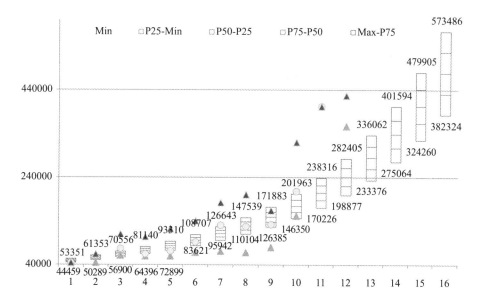

图 3 – 8 自动绘制的职级薪酬范围

这里主要是用堆积柱状图进行自动绘制，同时注意利用相应的差值进行堆积而成。

接下来的主要步骤是利用绘图区格式将最小值与最大值的柱子设置成无填充无线条，其他的设置成无填充实线条，同时将自己需要关注的数据标签添加上去，再通过格式布局将数据放在合适的位置，如最小值和最大值分别放在薪酬范围的最下方和顶端，也可以将中位值标在图中。为了反映公司实际薪酬分布状况，也可以将实际值用散点图的方式标在图中，这样就可以形象地反映出公司各职级实际薪酬与公司薪酬策略值之间的差异或高低关系了。

第三节　对薪酬水平进行调整

薪酬调整主要需要从以下四个方面进行：

（1）市场数据的特别薪酬调整安排；

（2）公司员工发展晋升制度；

（3）绩效等级；

（4）岗位薪资在结构中的位置。

具体可采用点状调整法对薪酬进行调整。

点状调整法是指根据市场薪酬数据以及具体岗位价值的变化，通过具体薪酬数字点的方式更加合理地调整公司及企业的薪酬制度。

一、根据公司外部情况进行调整

（一）所在地宏观经济状况

所在地宏观经济状况如图3-9所示。

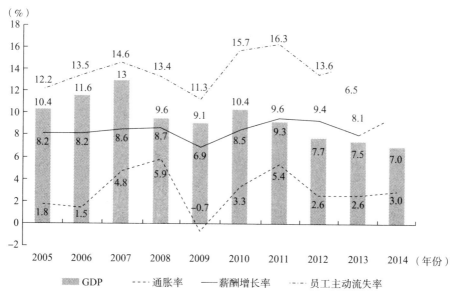

图 3 - 9　宏观经济状况

（二）近年的宏观人才流失情况

近年的宏观人才流失情况如图 3 - 10 所示。

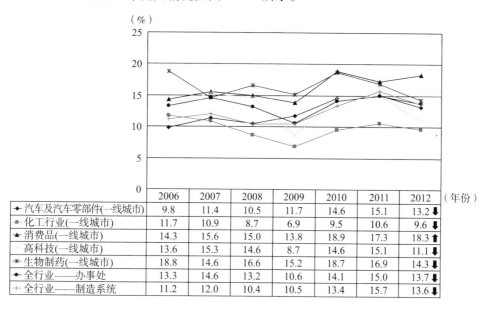

	2006	2007	2008	2009	2010	2011	2012
◆汽车及汽车零部件(一线城市)	9.8	11.4	10.5	11.7	14.6	15.1	13.2 ↓
■化工行业(一线城市)	11.7	10.9	8.7	6.9	9.5	10.6	9.6 ↓
▲消费品(一线城市)	14.3	15.6	15.0	13.8	18.9	17.3	18.3 ↑
高科技(一线城市)	13.6	15.3	14.6	8.7	14.6	15.1	11.1 ↓
✳生物制药(一线城市)	18.8	14.6	16.6	15.2	18.7	16.9	14.3 ↓
●全行业——办事处	13.3	14.6	13.2	10.6	14.1	15.0	13.7 ↓
╋全行业——制造系统	11.2	12.0	10.4	10.5	13.4	15.7	13.6 ↓

图 3 - 10　人才流失情况

（三）近年本行业与本公司的人才流失比较

近年本行业与本公司的人才流失比较如图 3–11 所示。

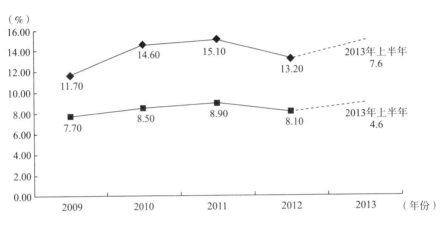

图 3–11　人才流失比较

（四）近年跨地区各岗位群的薪酬增长状况

近年跨地区各岗位群的薪酬增长状况如表 3–14 所示。

表 3–14　薪酬增长情况

地区	样本量	高管层 (%)	管理层——销售 (%)	管理层——非销售 (%)	专业岗位——销售 (%)	专业岗位——非销售(%)	辅助岗位——白领 (%)	辅助岗位——蓝领 (%)
上海全行业——办公室	974	8.3	8.4	8.4	8.5	8.6	8.6	—
上海全行业——制造业	336	8.1	8.3	8.2	8.2	8.3	8.4	8.9
北京全行业——办公室	738	8.3	8.6	8.6	8.6	8.7	8.6	—
北京全行业——制造业	89	8.0	8.5	8.7	8.5	8.8	8.6	9.1
广东全行业——办公室	664	8.3	8.4	8.5	8.5	8.5	8.5	—
广东全行业——制造业	311	7.9	7.9	8.1	8.1	8.4	8.4	9.1
苏州	215	8.5	8.5	8.6	8.7	9.2	9.1	10.1

续表

地区	样本量	高管层（%）	管理层——销售（%）	管理层——非销售（%）	专业岗位——销售（%）	专业岗位——非销售（%）	辅助岗位——白领（%）	辅助岗位——蓝领（%）
天津	163	8.1	7.9	8.4	8.0	8.6	8.5	9.0
南京	165	8.1	8.4	8.3	8.4	8.4	8.3	8.8
无锡和常州	133	8.0	8.2	8.5	8.2	8.7	8.5	8.9

（五）本行业不同岗位群的薪酬增长情况

本行业不同岗位群的薪酬增长情况如表 3 - 15 所示。

表 3 - 15　薪酬增长情况　　　　　　单位:%

	一线城市			二线城市		
	2012 年实际调整	2013 年实际或预估	2014 年预测	2012 年实际调整	2013 年实际或预估	2014 年预测
公司总经理	9.5	8.9	8.1	8.5	8.5	8.0
公司总监级	9.4	8.0	8.1	9.3	8.9	8.5
经理级——销售	9.9	8.7	8.4	11.4	9.0	8.8
经理级——非销售	9.6	8.5	8.5	10.1	9.3	8.7
专员——销售	9.9	8.8	8.7	10.3	9.3	8.6
专员——非销售	9.9	8.8	8.8	9.8	8.9	8.7
助理——白领	9.6	8.9	9.0	9.8	8.8	8.8
助理——蓝领	10.7	10.5	9.3	11.1	9.4	9.5
总体	9.4	8.9	8.6	9.5	8.5	8.5

根据以上市场数据及人力资源数据并结合公司的薪酬战略进行薪酬制度的调整。

二、根据公司内部情况进行调整

公司的薪酬战略要考虑薪酬水平的人才市场竞争性、薪酬的人才保留能力、薪酬发放的内部公平性，以及薪酬是为绩效而发放的这四个维度。

在调整薪酬时，不同职能的薪酬调整量也不同。比如，技术岗位职系：8.8%；业务岗位职系：8.5%；职能岗位职系：8.7%；服务岗位职系：8.6%。

调整不同岗位、不同绩效等级的薪酬时，所调整的比例也不尽相同。如薪酬水平较低的员工（如图 3 – 12 中 <75% 的部分），其工作表现较好，绩效等级较高（如图 3 – 12 中绩效等级为 5，说明其绩效表现高于同岗位人员），在调整该员工薪酬水平时可调整较多，调整为原来的 150%。

绩效等级	薪酬实际值与中位值比值 CR 值（%）				
	<75%	[75% ~ 90%）	[90% ~ 110%）	[110% ~ 125%）	≥125%
5	150%	140%	130%	115%	100%
4	130%	120%	110%	105%	100%
3	120%	110%	100%	90%	80%
2	80%	75%	70%	50%	0
1	0	0	0	0	0

特别调整

绩效等级	最大的特别调整幅度
5	7%
4	5%
3	3%
2	0
1	0

晋升调整

晋升调整每个人不超过 20%，总体调整额度不超过调薪预算的 1%

图 3 – 12　调整情况

对未满勤人员（适用于全体在册员工。培训生、退休返聘及实习生不适用）的年度薪酬增长比例调整时，注意休假的种类包括事假、病假、工伤假以及产假。具体调整比例参照图 3 – 13。

休假方面调整

休假天数	折算（%）
≤15 天	100
15 天 < & ≤30 天	85
30 天 < & ≤60 天	60
>60 天	0

新员工服务时间调整

当年服务月份数	折算（%）
≤1 个月	0
1 个月 < & <3 月	50
3 个月 ≤ & <6 个月	80
≥6 个月	100

图 3 – 13　调整比例

调薪方案制定完毕后需要自下向上逐级进行调整。首先，经过团队层面的团队领导批准，上报部门；其次，部门层面由 HRBP 协助部门领导完成调薪方案的校准工作，上报公司；最后，在公司层面，CEO 在 HRD 的帮助下完成最终调薪方案的通过审核工作。如图 3 – 14 所示。

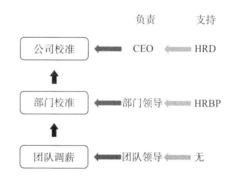

图 3 – 14　逐级调整

三、决定个人薪资增长的零星要素

（1）目前的薪资水平。

（2）薪资增长的历史。

（3）技能是否稀缺。

（4）业绩薪资增长方案。

（5）业绩是否逐步提高。

（6）组织内的横向比较与平衡。

全面薪酬体系应用篇
（人力资源保护圈）

一个商业组织存在的根本目的一定不仅仅是给自己的员工发放工资奖金，全面薪酬体系的设计一定不是公司经营的终极目的。公司存在的目的是对自己的投资人、自己的客户、自己的供应商、自己的员工乃至所处的社区兑现承诺。因此，全面薪酬体系的设计必须得到充分、灵活、有效的应用才能够促进公司的使命的达成。为此，我们引入了人力资源保护圈的概念和体系来连接全面薪酬体系和公司绩效。全面薪酬体系在提升公司绩效过程中起到重要作用。

第一节　人力资源保护圈的概念

一、人力资源保护圈

在公司中建立一个机制，针对不同的岗位价值的员工，配套以不同的全面薪酬待遇，从而形成不同力度的内部员工保留以及外部员工吸引的保护圈。

二、人力资源保护圈模型

人力资源保护圈模型如图 4 - 1 所示。

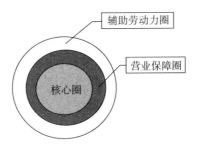

图 4 - 1　人力资源保护圈模型

三、人力资源保护圈保护了什么

（一）人力资源保护圈保护公司核心人才

其实每个公司的人才是可以分层的，有核心人才，有保障性人才，还有一般劳动力等层次。所谓核心人才，主要有两个方面的属性可以界定出来。一是执掌核心岗位，二是具备高潜力。如果需要具体的定义，可以综合应用岗位价值评估以及能力素质模型来评估，通常这类人才在公司员工总数中占比不超过 30%。所谓保障性人才，主要是指为了满足公司日常经营需要的人才，保障性人才和核心人才共同形成了公司正常运转需要的人力资源。一般劳动力主要是指公司的辅助岗位人才，或因公司业务的波动，尤其是公司业务的峰值时期需要的临时性的人力资源。

在全面薪酬设计时，对不同圈的人才实施不同的全面薪酬设计和兑现，会对不同圈的人力资源产生不同的吸引力。具体来说，对核心人才实施最为优待的薪酬福利待遇等外在薪酬，以及专门设计的内在薪酬，以此产生最强的吸引力。这样公司内的核心人才得到了充分的保护。

（二）人力资源保护圈保护了公司的人力成本

大多数的人力资源理论都在研究如何设计和实施具有对外竞争、对内公平特性的薪酬结构和薪酬水平，由于没有进行内部人才的分层、分圈，竞争性过强，人力成本上升过高，压力太大；竞争力过弱，对人才的吸引力太低，造成人才流失严重。通过对人力资源进行分层、分圈后具体的有针对性的全面薪酬安排，既考虑到人才吸引力，同时也兼顾到人力成本压力。

（三）人力资源保护圈保护了公司人力资源的弹性

随着科技发展变快，市场需求变得越来越快，公司营业量的波动越来越明显。公司拥有的资源中物料可以通过采购计划来进行调整，具有一定的弹性，公司的固定资产几无弹性，人力资源的弹性只能靠劳动合同期进行调节，但往往劳动合同期与公司所在的行业周期无法合拍。这样公司的人力成本就几乎成为固定成本，推高公司的损益平衡点，使公司的经营压力变大。构建了人力资源保护圈后，公司对不同圈的人才产生了不同吸引力（黏性），这样，对一般劳动力这个层面的人力资源卸载就变得容易很多。这样就形成了人力资源的弹性。

第二节　如何构建人力资源保护圈

构建人力资源保护圈就是要做到：核心人才要保留，关键人才要保有，辅助人力要灵活。

一、圈数的确定

主要根据公司岗位个数来规划人力资源保护圈的圈数，300 个岗位以下的，可以设定圈数为 3 圈；300～500 个岗位的，可以设置为 4 圈，500 个岗位以上的，可以设置为 5 圈。

每个圈的人数确定：首先根据公司战略目标确定公司的狭义人力资源规划及公司员工数量的规划，假设公司的人力资源保护圈圈数设在 3 圈，大约 80 分位以上初步归入核心人才圈，大约 20 分位以下归入一般劳动力人才圈，其余收入经营保障人才圈。如果圈数是 4 圈或 5 圈（一般不建议圈数设在 5 个以上），可以将中间约 60% 的员工再依据 3 圈的方法做一次循环，将他们细分定位清晰。

二、分圈定位

所谓分圈就是要将公司内人力资源界定到不同圈内。一般地，人力资源保护圈视岗位多少以及员工数量多少可以分 3～5 个圈，比如核心员工圈、经营保障员工圈、辅助劳动力员工圈等。

我们可以使用以下几个人力资源管理工具对员工进行分圈：岗位价值评估、胜任力评价、绩效管理，以及工作再设计。

我们引入人岗价值这个参数作为公司人才在人力资源保护圈定位指标：

人岗价值＝岗位价值×人岗匹配度（素质胜任）×前两年的绩效表现

关于岗位价值评估已经在前文有过详述，这里不再赘述。关于人岗匹配度可以通过胜任力模型以及人才盘点过程完成，当然少不了人才测评工具应用的环节；前期的绩效表现，是通过当年的绩效评估结果来获取这方面的数据的。

根据上面的公式可以计算出每个人的人岗价值，然后再进行一个完整的排序。当然，有些高潜高能人才在此刻也可以通过工作再设计（更多或更复杂、责任更加重大）增加他们岗位价值，以获得更加靠前的排名。一旦排名确定，员工所在的保护圈也就一目了然了。

三、人力资源保护圈的全面薪酬配置

（一）核心圈全面薪酬配置

（1）外在薪酬。对核心圈员工薪酬水平约定位 75 分位以上。

（2）长期激励计划。包括股票、股票期权或虚拟股份。

（3）中期激励计划。补充养老金、补充公积金、补充医疗保险。

（4）短期激励计划。包括车辆补贴、项目奖金、核心人才保留计划基金。

（5）内在薪酬。公司发展战略知情权、项目优先授予、高端技能培训、意见建议采纳等。

（二）经营保障圈全面薪酬配置

外在薪酬：对经营保障圈员工薪酬水平约定位 50 分位；合规的社会保障基金；合规的补贴津贴项目绩效奖励计划。

（三）辅助劳动力圈全面薪酬配置

（1）对经营保障圈员工薪酬水平约定位 25 分位。

（2）低水平的合规的社会保障基金。

（3）尽可能地采用计件工资方案。

第三节　人力资源保护圈的互动与维护

一、人力资源保护圈的静力与动力

按照以上的人力资源保护圈的界定以及分别配置的全面薪酬，对不同人力资源保护圈的员工产生了不同力度的吸引力，但这个吸引力还只是个静力。作为一个公司，保留和吸引核心人才不是终极目的，终极目的是能使每个圈的人才发挥重要作用，最终体现在个人绩效乃至整个公司的绩效上。要想人力资源保护圈产生动力，必须在各个圈之间架设流动机制，也就是要让员工有向中心移动的可能，把一个死圈变成一个活圈。这样这个人力资源保护圈就会产生人才流动的活力。

（一）给人才发展流程移动的空间

每年有10%核心圈的人要降级到经营保障圈，当然也会有相等数量的员工从经营保障圈升级到核心人才圈。同样地，这种流动也会在经营保障圈与一般劳动力圈的界面上进行。这样就架起了人才在圈与圈中流动的桥梁，同时将资源用于中央，自然就形成了人才向心流动的向心力。

（二）人力资源保护圈向心流动的决定因素

（1）员工个人业绩表现：通过每个年度的绩效管理得到员工相关绩效评价数据。

（2）员工个人能力成长：通过每年的人才盘点、人才测评等人才管理活动取得相关数据。

（3）员工个人职位升迁或工作再设计形成的岗位价值的提高：通过每年的人力资源规划、组织结构设计、工作分析、工作设计尤其是工作再设计、岗位价值评估取得相关数据。

（三）人力资源管理工作是人力资源保护圈的重要基础

每年的绩效评估、人才盘点、人力资源规划以及工作分析、工作（再）设计为人力资源保护圈提供了动态变化的第一手数据。所以人力资源保护圈并不需要策动更多的管理活动就可以动态地运作起来。同时，由于各个不同保护圈的不同薪酬待遇，所有人才必将在绩效表现、能力成长以及工作责任上积极追求，以期向中心移动。这种向心力必将促进员工自我约束、自我发展的自律行为。

本章所附技术工具，除了大家熟知的绩效管理工具在本书中不再做详述之外，岗位价值前文已有了详细的介绍，在此补充人力资源盘点的相关概念、技术工具及流程等，从而掌握能力素质测评、胜任力评价的技巧，以方便大家能够全面了解本部分所涉及的人力资源的管理工具。

二、人才盘点

人才盘点是指对人力资源状况摸底调查，通过绩效管理及能力评估，盘点出员工的总体绩效状况、优势及待提高的方面。人才盘点的目标是塑造组织在某个方面的核心竞争力，为达到该目标，对当前组织的运行效率、人才数量和质量进行盘点，对现行的人岗胜任状况，以及提前对组织发展、关键岗位的招聘、关键岗位的继任计划，以及关键人才的发展和保留做出决策。

首先建立公司的能力素质字典，主要步骤如下：

（1）对公司战略的理解。

（2）对公司职能的把握。

（3）对各岗位要求的分析与定位。

（4）确定具体能力素质方向。

（5）精准定位级别。

三、能力素质字典举例

能力素质字典样例如表4-1所示。

表4-1　能力素质字典

		不同级别能力表现形式				
		1	2	3	4	5
团队管理（A）	1.沟通能力	在别人的帮助下，能够与他人进行简单的联系或为工作事项相互简单交流	能够与他人进行正常交流。能用正式或非正式的文档（备忘录、书信、情况报告和合同等），能够清楚、有效地传递信息，能够为工作事项进行联系或简单交流	能够与他人进行流利的交流，让对方很快明白。能用书面语言清楚、准确地表达自己的意见，对所批阅的文件有全面透彻的理解。书面沟通能够抓住重点、文法规范	沟通技巧较高，能根据对方的情况，使用合适的语言和有感情色彩的肢体语言进行交流，并能恰当地使用专业词汇。具有较强的说服力和影响力，书面沟通时有较强的感染力	与他人沟通时主动热情，深入浅出，逻辑性强，具有较强的个人魅力。说服力和影响力强，能准确无误地编制各种商业和公用信函文档，如销售建议书、备忘录
	2.组织/协调能力	能协助上级或在上级的指导下，协调内部关系、完成工作目标	能组织领域内一个方面的团队，协调内部关系，完成工作目标	能组织一个领域的团队，协调内外部关系，完成较复杂的工作目标	能组织跨领域的团队，协调各方面的关系，完成复杂的工作目标	能运用全局性的资源，运用全局性分级管理授权，完成全局性工作目标
	3.团队合作	能在团队中配合其他成员、采取行动，完成任务	能在团队中配合其他成员，有合作精神，态度端正，能考虑团队目标与利益	尊重团队中的每一位成员，能在团队中积极配合其他成员，有较好的合作精神，态度端正，当团队利益与个人利益冲突时，以团队为先	经常为团队提出有意义、建设性的意见，当团队利益与个人利益冲突时，总是以团队为先	能主动加强与团队中其他成员的合作意识，当个人利益与团队利益冲突时，总是以团队为先，并愿意牺牲个人利益
	4.网群关系建立	可以识别人际群体的基本信息	对人际群体的基本信息有较客观的认识	对人际群体的主要信息有较客观的分析，并能把握识别人的思想	对人际群体的各种复杂信息进行客观的分析，能够比较全面准确地把握识别人的思想	对人际群体的各种显性和隐性信息都能准确把握，并能通过口头或书面形式清晰地表达出来

续表

		不同级别能力表现形式			
		1	2	3	4	5
执行力（B）	1. 计划能力	能初步计划安排本职工作	能合理安排本职工作，有问题及时反馈	能够合理地制定领域（如管理、营销、科研、生产等）内一个方面的工作计划	能够有效地制定一个或几个领域的工作计划。预先分配时间及其他资源	能够全面地制定工作计划，能够对计划执行进行深入分析并进行及时调整
	2. 果敢决断决策能力	在上级的指导下做出决定	做决策时需借助他人的力量，通过协调决定	能够对下属或能向上级提供合理的决策建议，能考虑决策所需要的一般因素	能够对下属提出的建议进行决策能向上级提供合理的决策建议，并能对影响决策的因素进行全面分析，决策较为准确	能够在复杂的情况下对全局性的工作做出决策，决策准确
	3. 分析/解决问题能力	主要依靠自身经验去分析/解决问题	在问题解决的过程中，利用正确的逻辑推理，能根据多方面搜集的信息，确定问题解决的重点、难点，并采取有效的措施。注意取分析事物的基本关系，注意分析之间的因果关系，按轻重要性排列任务的次序	在问题解决的过程中，能从不同的角度来分析问题，作出的判断通常是正确的。在解决问题时，能够综合考虑多方面的因素，思考问题具有一定复杂性。注意分解并分析各部分之间的关系。用复杂的方法将一个复杂的问题分解为若干部分，注意分析之间的关系及若干可能的目标与行动结果。通常要预期可能遇到的障碍，提前对下一步进行思考和准备	在问题解决过程中，预见和寻找各种问题和因素之间的相互关系，作出的判断通常都是正确的。在解决问题时做决策时，能够综合考察各方面的因素，思考问题具有较强的战略性，并能觉察成功的战略性机会。系统地将一个复杂的问题分解为几个简单的问题各个部分，注意分析各个部分之间的关系，并加以解决，分析各个之间的因果关系	在问题解决过程中，能全面考虑对解决问题有影响的各种因素，作出的判断几乎都是正确的。思考问题具有极强的周密性，并能在战略性的高度把个人的主动性和组织的目标结合起来，做出非常复杂的计划和分析。系统地将一复杂的问题分解为若干个部分，运用多种分析方法和技巧，制定多个解决方案并权衡各种方法的优劣

续表

	1	2	3	4	5
4. 指导引导能力	能交代工作的具体内容和主要的工作流程	能根据员工的需要制定培训目标和设计培训内容，任务清楚地分配具体的工作项目，任务让员工明确其岗位所需要的知识、技能和素养	能有效地使用辅助设施，如录像、幻灯片、Power-Point等，在讲解过程中。能思路清晰，表达准确。能根据个人的技能、水平和兴趣委派工作任务，并能够根据工作进展情况及时提供必要的咨询和回馈	能根据员工的情况，选择合适的语言和术语进行讲解，能用正确时能结合员工的提问和处理有关问题。能在给予当时的候给予员工辅导，并能够灵活调整下属员工的工作和进行以应付工作重点的转变	语言幽默、风趣，并善于运用各种方式提高听众兴趣，有效的肢体语言，如手势、表情等，培训满意度高。能够通过会议、书面报告等多种形式了解工作进展和工作质量，能赢得大家的信任与尊重
执行力（B） 5. 风险管理	有危机意识，有一定应变计划和措施的策划能力	能够前瞻察到潜在的危机，并采取相应的预防措施，面对各种限制、挫折、逆境，具有充分的灵活性	发生危机时，能迅速地处理，阻止危机扩大化，在危势不明的情况下，能够根据回馈调整相应行为经验，及时调整策略和策略	能够及时地将有关信息传递给必须迅速对危机做出反应的人，确保危机带来的损失为最小。面对紧迫的情景和压力，能够很快地调整自己的心理和行为，并有效地推进工作	能够进行危机的预防，一旦发生危机，能够迅速做出正确决策，并能从经验中学习，防止同样事情的再次发生。面对紧迫的情景和压力，能很好地调整自己的心理和行为，并把握住出现的机会或有效处理突发危机
6. 变革创新能力	较为注重固有的知识和经验，解决问题时，有时也有新的主意	以开放热情的态度对待各种想法、新想法，解决问题时，不固守已有模式，经常找到新点子	能恰当地质疑已存的问题模式，能从一个崭新的角度来看问题	能考虑各种解决问题的方案的优点，或提出可形成新的解决方案，或提出可行的、可靠的建议	能从多方面征求大家意见，创造性地解决问题，或提出新的观点和主意

不同级别能力表现形式

		不同级别能力表现形式			
	1	2	3	4	5
职业素养（C）	1. 主动性	能够按照工作职责和制度完成工作	能够遵照工作职责与岗位规范、制度等要求来做事，并能对工作中存在的问题进行积极的思考，能为自己设置具有挑战性但又可行的目标，能够站在公司对部门的使命完成公司的角度来完成公司对部门的整体利益与长期发展需求	能够积极地完成工作，尚能主动去界定工作中存在的问题，探求问题，思考可以改进的空间。在自己工作中能追求优秀绩效，能够站在集团的战略角度来完成集团对公司的使命与长期发展需求	能够主动勤奋地完成工作，对任何问题，主动积极去定义问题，探求问题因果关系，找到真因，并能有效提出改善对策。在困难面前，意志坚强，始终保持以完成工作为中心。能够全面考虑集团的整体发展需求，同时能够兼顾集团的长期利益与发展需求	不浪费时间，不畏劳苦，对交付的工作能抢先或超前完成，并能快速提出改善对策，问题得不到解决，决不罢休，除非目标已经实现，能按计划采取不中断的行动，能按计划采取相应的行动
	2. 学习能力	能够在公司安排下参加学习	掌握基本的学习方法，能在指导下进行学习	具有一定的学习兴趣和自学能力，掌握一套较科学合理的学习方法	学习能力，学习欲望较强，能运用有效的学习方法迅速掌握所学的主要内容，有明确的学习目的和计划	可通过观察、实践自我掌握一门新技能；可根据以往的经验，自我解决此类问题
	3. 结果导向	通过努力工作，完成任务	持续不断地创新工作方法，提升绩效	持续不断地追求事业更高的目标，并不断挑战自我	坚持创新努力到彻底的精神，采取充分的行动向着创新型的新目标	追求成就感，追求事业的成功，追求卓越，永不停止

续表

不同级别能力表现形式

		1	2	3	4	5
职业素养（C）	4. 职业道德	遵守公司规章制度	能遵守基本职业道德，不做有损公司利益的事，在工作中不弄虚作假	积极引导员工遵循员工行为准则，不做损公肥私的事。在工作中不弄虚作假，而且能勇于承担责任	在以身作则的基础上，能对现有的管理制度进行审视，提出修改建议，防微杜渐。以身作则，在工作中不弄虚作假，并用具体行动来影响或带领同事诚信做人、诚信做事	能坚决与损公肥私的行为作斗争，并不断地思考与创新，创造良好的廉洁奉公氛围。能坚决抵制并揭露弄虚作假的行为，以身作则，积极主动地创造良好的诚信文化
	5. 客户关注	有客户意识，工作中考虑到客户需求	对客户提出的问题、要求，抱怨进行跟催，让客户了解计划进展的最新状况，并能与客户在共同期望上保持清晰的沟通，并且留意客户的满意度，提供亲切愉快的服务	收集有关客户真正的需求，即使远超过原先所表达，也能找出符合其需求的产品或服务，具体为客户提供价值，为客户着想，把事情做得更完美	以长远的眼光来解决客户的问题。为了维持长久的关系，能会付出短期而立即的成本作为交换，为客户寻找长期创造的利益，或采取行动为顾客创造可以预见的成果，然后把成果归功于该客户	站在客户与自己组织的立场，以思考自己组织的长期利益为着眼点，或督促自己和管理阶层解决顾客相关问题，面对有事实根据的客户抱怨申诉时，站在客户的立场处理
	6. 压力与冲突管理能力	能容忍和敢于面对一些困难	有一定的容忍度，多数困难都能积极面对。面对各种限制、挫折、逆境，具有充分的灵活性	在压力面前，不轻易放弃，能坚持完成工作任务。在局势不明朗的情况下，能够根据回馈信息和经验，及时调整相应行为、策略	在压力面前，能通过积极舒缓和调节自己。面对紧迫的情景和压力，能够很快地调整自己的心理和行为，并有效地推进工作	在压力面前，能预见危机，能认清自身形势和客观环境，始终保持积极乐观的心态，有创造性地应对和解决困难。面对形成工作压力的情景和压力，能很快地调整自己的心理和行为，并把握出现的机会或有效处理突发危机

四、人才盘点的流程

人才盘点的流程如图4－2所示。

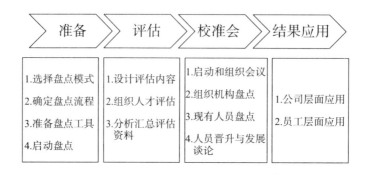

图4－2　人才盘点的流程

五、人才测评技术以及应用的适应性举例

人才测评技术以及应用的适应性举例如表4－2所示。

表4－2　人才测评技术以及应用的适应性举例　　　　单位:%

考察维度		综合笔试（测评）	行为量表（360）	结构化面试	无领导小组情景案例分析	现场述职答辩
基础知识	行业知识	40	—	30	—	30
	专业知识	40	30	10	10	10
基础能力	文字表达	20	20	20	20	20
	思维分析	20	10	30	30	10
组织协调	任务统筹	30	30	10	20	10
	沟通协调	10	20	20	30	20
	组织推动	10	30	10	30	20
	团队合作	10	30	—	30	20
战略思考		10	30	20	20	20
创新管理		10	30	20	20	20
岗位认知		—	20	40	—	40

在应用了不同测评工具进行人才测评后，可以将测评结果填入表4-3进行统计分析，借助雷达图可以生动地鉴别能力素质的实际状况，当然也可以借此判断总体胜任情况，甚至可以判断个人的发展计划等。

表4-3　测评结果统计

工号		姓名			部门	财务部	职位	成本	职级
能力素质项目		岗位要求级别	上级岗位要求级别	实际测评级别	胜任及继任差异图示				
专业素质	专业知识								
	专业经验								
团队管理	1. 沟通能力	3	5	3					
	2. 组织/协调能力	3	4	2					
	3. 团队合作	3	4	4					
	4. 网群关系建立	3	4	3					
执行力	1. 计划能力	3	5	3					
	2. 果敢决断决策能力	3	4	2					
	3. 分析/解决问题能力	3	4	3					
	4. 指导引导能力	3	4	3					
	5. 风险管理	4	5	4					
	6. 变革创新能力	3	4	3					
职业素养	1. 主动性	3	4	4					
	2. 学习能力	4	4	4					
	3. 结果导向	4	4	4					
	4. 职业道德	4	5	4					
	5. 客户关注	4	4	3					
	6. 压力与冲突管理能力	4	4	4					

雷达图（胜任及继任差异图示）各维度标签：沟通能力、组织/协调能力、团队合作、网群关系建立、计划能力、果敢决断决策能力、分析/解决问题能力、指导引导能力、风险管理、变革创新能力、主动性、学习能力、结果导向、职业道德、客户关注、压力与冲突管理能力。坐标刻度：0、1、2、3、4、5。

　　以上主要是呈现了人力资源保护圈的诸多工具，借助这些工具可以试着进行人力资源保护圈的一些操作。一般地，这些方案都是由外部咨询公司进行，规避了大部分的公司历史性、问题性记录。

人力成本预算篇

第一节　预算及预算的重要性

一、预算

预算是指去决定要实现怎样的目标，以及准备以何种成本或代价来实现这个过程。对于任何一种生产活动或经济活动而言，通过设计预算对成本进行相应的控制都是整个活动中不可缺少的一个步骤。

我们在这里提到的预算实质上是公司的财务预算，财务预算是指一系列专门反映企业未来一定预算期内预计的财务状况和经营成果，以及现金收支等价值指标各种预算的总称。在规划公司的预算时，需要对公司的愿景进行回顾，通过对公司战略的解读来分析公司的年度战略目标，按照公司的年度营运计划安排年度预算。

年度营运计划（Annual Operation Plan），要基于公司年度经营战略进行制定，将公司的年度经营目标落实到具体行动计划上。同时，年度营运计划要包含 5W2H，也就是 What、Where、Why、When、Who、How、How Many（Much）（是什么、在什么位置、什么原因、什么时候做、什么人来做、以什么样的方式去做、做多少），并分解到具体部门。

二、预算的重要性

预算的重要性包括：

（1）以数据化的方式描述公司战略乃至战略目标。

（2）是提升战略执行能力的重要工具——战略执行及战略调整。

（3）是公司运营过程中的重要监控及考核工作。

（4）为公司效率提高和成本降低的计量。

预算中成本的重要性：

（1）成本为预算的主要组成部分，其会直接影响到公司损益、现金流和资产状态。

（2）为企业预算期的成本管理工作指明了奋斗目标。

（3）为进行成本管理提供直接依据。动员和组织全体职工精打细算、挖掘潜力、控制成本耗费，改善公司的经营管理，以获得较好的经济效益。

（4）可作为管理企业经营业绩的考核标准。

三、人力资源规划对预算的重要性

人力资源规划对预算的重要性从以下几个层面进行体现：

（1）员工人数的变化。

（2）薪酬策略的变化。

（3）招聘规划和行动计划。

（4）培训规划和安排。

（5）其他的计划安排（费用可以根据人数变化以及物价变化进行预估）。

做人力资源规划首先要将公司的战略目标进行分解，梳理各个岗位具体的岗位职能，了解熟悉各个部门接下来的行动计划，对一些效率较低的工作进行工作再设计，全面审视公司的组织结构，最后对部门人员的数量和结构进行规划。

第二节　人力成本的预算

一、人力成本

我们通常讲的人力成本主要包括薪酬费用以及人事费用。根据作用对象的不同我们可以将人力成本分为三个部分：

（1）薪酬费用。就是员工在标准的工作时间里的所得，是企业根据员工工作时间为企业所创造的效益所支付的报酬，主要包括工资、奖金、加班费、红利、职务津贴、遣散补偿等。

（2）福利费用。这部分主要指企业为了增加员工的保险福利所支付的费用。如企业为职工购买的社会保险、商业保险、住房公积金等，只有等到员工退休以后才可以拿到。虽然保险和福利是员工在当时无法及时享受到的，但也是企业所直接付出的费用。

（3）开发费用。开发费用包括对内开发和对外开发。对内开发主要指企业为了提升员工的技能水平所付出的培训费用；对外开发主要指在更新人员结构时所要付出的相应招聘费用。

延伸阅读：

很多人说招聘专员和培训专员是两个岗位，当公司的招聘工作量不是特别大，内部培训也主要限于新进员工入职培训时，此时可以把这两个职位合并成为一个岗位的职责。岗位与职责之间是一种辩证关系，岗位和职责不是固定不变的。但随着培训次数的增加、质量要求的提高以及课程的增加，为了改善内部的管理和内部的服务，原来合二为一的职能又可能要分开，增加一些新的岗位和职责，但基本上它们不会随着产量或者服务的增加而同步增加。像为了强化内部职能、提升内部管理水平而增加的一些人员，如市场调研人员、培训师、质量分析师、ISO 专员等都属于相对固定的人员。

二、人力成本预算

了解清楚什么是人力成本后，就可以根据人力成本的各项内容，结合公司的战略以及实际的运营情况计算下一营业周期的人力成本预算。

在损益表的分析中我们可以发现：

（1）人力成本在总成本中所占的比例增加。

（2）人力成本预算越来越重要。

（3）人力成本对损益非常敏感。

人力成本的变化趋势如图 5-1 所示。

图 5-1 说明，官方感知的人力成本上升，没有具体营运公司感知的敏感。主要表现在以下几个方面：

（1）约定薪酬上升过快。

（2）法定福利比例高。

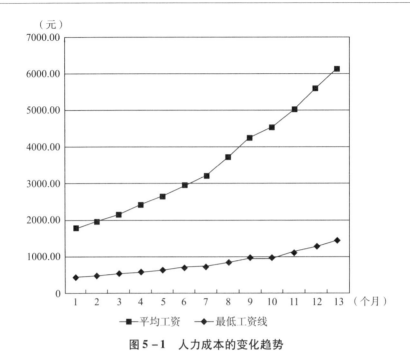

（元）

图 5-1　人力成本的变化趋势

（3）未来人力资源（尤其是一线的生产制造型岗位）供应少。

（4）社会物价以及人力成本上涨导致专业服务成本上升。

综上所述，人力成本预算可成为公司重要的控制工具，其在公司的经营战略发生改变时能够全局性地反映整体人力成本的变动；可以综观人力成本全局；可在固定费用与变动费用进行互动时看到互动对损益的影响；可帮助公司在薪酬费用向运营费用转移时兼顾到相关的效率问题；人力成本预算是计算人力成本贡献率时的重要依据。

第三节　如何调整人力成本预算

一、审查人力资源的需求（主要严格控制员工数量增长）

（1）部门职能及部门组织结构审查。

（2）部门流程审查。

（3）流程负荷。

（4）工作再设计审查。

（5）清理目前部门人员。

（6）确定增减人员数量。

二、调整薪酬费用的预算

（1）基于公司战略的公司薪酬战略。

（2）以上年底数据为基础。

（3）归集所有薪酬数据的变化因素。

（4）设置薪酬预算电子表格平台（注意与财务系统协调口径，以方便数据共享）。

薪酬费用预算变数如下：

1. 员工人数

（1）主要来自公司经营战略及目标。

（2）公司年度经营计划（Annual Operation Plan，AOP）。

2. 约定月薪

（1）社会物价指数（Consumer Price Index，CPI）变化。

（2）企业盈利与员工分享理念。

（3）人才市场变化。

（4）国家有关法规更新。

3. 奖金制度

（1）公司的激励制度。

（2）薪酬结构。

（3）国家有关激励政策（如鼓励创新）。

4. 社保及公积金

（1）提取比例的变化。

（2）提取基数的变化。

5. 非法定福利（是指公司实施的非法定福利计划）

（1）补充公积金计划。

（2）补充养老金计划。

（3）补充员工医疗保险（意外伤害、雇主责任险等）。

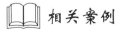 **相关案例**

上海石化运用预算控制管理人工成本的实践[①]

在反复思考、分析总结前期实践的基础上，借鉴邯钢的成本管理，从内涵控制出发，上海石化提出了人工成本预算控制对策，并于 1998 年下半年起实施。1998 年比 1997 年人工成本总量下降了 16.05%；人均人工成本下降了 2.25%；工资总额下降了 14.39%；尽管存在上半年削减工资的因素，但工资在人工成本中的比例仍上升了 1.26%。总体而言，人工成本预算控制对策就是以人工成本为主，工资总额为辅；保工资，压其他。其要点如下：

（1）合理确定人工成本总量。根据企业经营的年度预算总目标，倒推出总成本；对其他成本费用大大压缩后，倒推出人工成本总量的控制上限；然后按此总量分解到各个单位。各单位对人工成本进行两项分解：一是按项目分解到部门、责任人，各负其责；二是按时间进度编制分月滚动计划，动态调整，确保受控，并作为考核依据。实践证明，分解越细、越合理，效果越好。

（2）优化人工成本组成结构。为了优化人工成本结构，采取在人工成本总量处于正常受控范围时，由各单位不受限制地自主决定工资总额的方法，即工资总额为辅的迂回策略。这样，一方面能够控制人工成本的总量；另一方面可以有效地调动各单位保工资、压其他的积极性，主动压缩不合理支出，使有限的人工成本尽可能地转化为工资。在此，是否把工资总额决定权交给各单位，发挥利益机制的作用，是实现人工成本预算控制的关键。

---

① 曹树新. 预算控制管理人工成本浅议［J］. 中国劳动，2001（4）.

（3）鼓励富余人员减员分流。上海石化在积极鼓励富余人员走向社会、自谋职业的同时，兴办了一批以安置分流人员为主的企业，基本上各单位对口扶持一家，安置本单位的富余人员。在严格的预算控制下，为了企业与职工的多重利益，各单位必须认真当好自己的"家"，多半能精心扶持、妥善安置，且能自觉抵制假分流。笔者认为，分流应以真实的自负盈亏为前提，若为指标而分流，则只是人工成本的一种转移，并无实际意义。

（4）向科研、营销适当倾斜。减员增效，从长远来看，增效更重要。市场竞争好比战场拼杀，营销人员就是冲锋陷阵的战士，没有先进的武器，难以战胜对手；而克敌制胜的利器，有赖于科研人员的奋斗。科研开发是增效的基础，市场营销则是实现效益的必需手段。所以，在人工成本的总量安排上，专门留出一块，用于建立科研与营销激励制度，以调动科研、营销人员的积极性，追求企业整体效益的提高。实践证实，投入科研与营销的人工成本，其产出效率几乎是最高的，这在由计划体制向市场体制转轨的国企中表现得尤为突出。

预算控制对策能够较好地实现人工成本的有效管理，但存在弹性差、难以适应市场变化的问题。对此，拟引入弹性计划的概念，设想将刚性预算控制改进为弹性控制，具体有三个要点：

（1）当外界有重大变化时，应调整人工成本总量，以适应市场变化。如果发生消费物价大幅度上升、政府颁布新法规等企业无法左右的情况，需相应调增人工成本总量，以防止员工利益受损，因此，企业增加的支出应通过降低其他支出、增加收入来弥补，必要时应客观地调整经营目标。而当出现重大调减因素时，当年可少调或不调减人工成本总量。

（2）当企业经营业绩大幅度超过预定目标时，按已实现超额收益的一定比例，增加当年人工成本总量，类似于劳动分红，并可据此建立劳动分红制度，以激发员工士气。如果企业经营业绩低于预定目标，则应保持预定人工成本总量不变。

（3）对企业内外两大因素，以可预测的不同程度叠加后，形成由一系列人工成本预算控制数构成的弹性控制方案，若实际情况与预测出入过大，可另行调整。在具体操作中，因条件变化而改变预算控制数时，应采用未来适用原则，而不能追溯调整过去已经发生的人工成本。因此，实际的年度人工成本控制数将由多个预算控制数分段组合而成。

另外，在人工成本的相关管理中，有两点必须重视：一是在经济较发达地区，劳动力的平均素质相对较高，劳动力价格也高，若不能提升产业结构，在劳动用工中不注重扬长避短，迟早要被淘汰出局，规模效应再大，也无能为力。二是产品升级换代、提高人工成本的投入产出效率，其关键是科研开发。但以为企业内部各级各层都搞科研、遍地开花，就是加大科研投入，这是一种误解。对一个企业来说，科研开发应高度集中，形成一定规模，优先攻克影响最大的难关，尽快转化为现实生产力。企业内各部门必须各司其职，有所不为才能有所为。

股权激励及员工持股计划篇

第一节　股权激励的作用、特点及形式

一、股权激励的作用

（1）有利于公司吸引、保留、激励和管理人才。

（2）有利于公司长期、持续和快速发展。

（3）有利于降低即期人力成本和激励成本。

（4）有利于合理分配公司发展过程中利润的增值部分。

二、股权激励的关键点

股权激励的关键点如表 6 - 1 所示。

表 6 - 1　股权激励的关键点

激励对象	管理层及核心员工
激励形式	股票、股权或期权
激励周期	长期
激励收益及风险	高收益、高风险
激励目标	增加公司的长期投资价值

三、股权的激励形式

（1）股票期权。

（2）限制性股票。

（3）虚拟股票（股票增值权）。

（4）业绩股票。

（5）期股模式。

（6）影子股票。

（7）延期支付。

（8）储蓄—股票参与计划。

（9）虚拟股份。

（10）岗位分红权。

（11）动态股权激励模式。

下面详细介绍几个主要的激励形式：

（一）股票期权

股票期权指公司授予员工且在一定期间内，按照授予时的固定价格购买一定数量公司股票的一种权利。

行使股票期权有一定的时间限制，购买的股票也并不是从股票的二级市场进行购买的，并且员工可以不用现金行使股票期权。股票期权通常适用于上市公司，而对于非上市公司，其"股票期权"一般被视为是广义的股票期权。

（二）限制性股票

限制性股票指授予公司激励对象一定数量的公司股票（实股），但给予的公司股票有相应的限制条件，比如业绩条件或沽出时限等。

限制性股票一般是由公司员工免费或者以折扣价获得，且只要通过禁售期就可以解锁出售，没有窗口概念。一般适用于上市公司。

（三）虚拟股票

虚拟股票指公司在期初授予激励对象一定数量的虚拟股票单位（并非实股），并以授予时二级市场的价格作为行权价（非上市公司可以以净资产的变化数量来核算虚拟股票的价格）。

虚拟股票有一定的分红权和增值权，但是没有相应的表决权和所有权。一般适用于有足够激励基金预算的公司。

（四）业绩股票

业绩股票指：在期初，设定关键业绩指标（利润或净资产收益率或每股收益）；在期末，如果员工达到指标，公司就从激励基金中提取出资金购买公司的股票用来授予激励对象的一种股票激励方式。

业绩股票能够激励到关键员工，但是激励成本较高，指标设置难度较大。一般适用于业绩比较稳定，且需要进一步提高的公司，或是现金流比较充足的公司。

（五）账面价值增值权

账面价值增值权指将公司账面价值（每股净值＝净值总额/总股本）作为激励标的物的一种激励方式（净值总额＝公司资本金＋法定公积金＋资本公积金＋特别公积金＋累计盈余－累计亏损）。

账面价值增值权的特点是避免了资本市场的不可控因素对股票价值产生影响，致使公司股票价格偏离了实际股票价值的情况发生。账面价值增值权一般用公司内虚拟记账方式进行，且并不是按照资本市场的股票价格作为口径以进行相应操作。账面价值增值权一般对各种类型的公司都适用。

（六）期股模式

期股模式指公司将一定数量的期股锁定在员工账户内的一种激励方式。

锁定的期股在锁定期内不能变现，但是可以分红，且分红可以用来购买股票。一般适用于各种类型的公司。

（七）影子股票

影子股票指在规定的期间内，公司价值升值，公司根据实现约定的影子股票数量，以及升值状况发放薪酬（不直接发放股票，只是根据约定的股票数量计算激励薪酬的具体数额）。

影子股票一般跟经营者薪酬收入成正比，是一种风险性收入，但没有相应的投票权。一般适用于非上市公司。

（八）延期支付

延期支付指将股权激励中的获益折合成的股票数量继续锁定，直至约定期结束，再按照此刻的股票价格用现金进行结算支付的一种激励方式。

延期支付可以长期滚动且可以根据被激励对象的表现，扣减滚存相应的股票数量。延期支付激励方法的使用不需要报证监会。

股权的激励形式如表6-2所示。

表6-2　股权的激励形式

序号	内容	股票期权	业绩股票	限制性股票	股票增值权	虚拟股权	员工持股计划
		具体操作层面					
1	文件	（1）上市公司股权激励管理办法；（2）股权激励有关事项备忘录1号、2号、3号；（3）关于个人股票期权所得征收个人所得税问题的通知					关于上市公司实施员工持股计划试点的指导意见
2	参与对象范围	董事、高级管理人员、核心技术（业务）人员，如以除上述以外人员作为激励对象的，上市公司应在股权激励计划备案材料中逐一分析其与上市公司业务或业绩的关联程度，说明其作为激励对象的合理性					公司员工
3	是否实股	是	是	是	否	否	是
4	实施限制	一个会计年度的财务会计报告被注册会计师出具否定意见或者无法表示意见的审计报告；一年内因重大违法违规行为被中国证监会予以行政处罚；中国证监会认定的其他情形					无
5	股东大会表决方式	必须经出席会议的股东所持表决权的2/3以上通过，涉及的相关董事、股东应回避表决					必须经出席会议的股东所持表决权的半数以上通过，涉及的相关董事、股东应回避表决（非公开的需2/3以上）
6	是否需聘请独立财务顾问	董事会下设的薪酬与考核委员会认为必要时，可以要求上市公司聘请独立财务顾问。同时采用股票期权和限制性股票两种激励方式的上市公司，应当聘请独立财务顾问					涉及非公开发行的应聘请

续表

序号	内容	股票期权	业绩股票	限制性股票	股票增值权	虚拟股权	员工持股计划
7	是否需聘请律师	需要	需要	需要	需要	需要	需要
8	是否行政许可	需获得证监会无异议备案通过					不涉及非公开发行的，无须行政许可；涉及非公开发行的，需证监会审批
9	主要适用公司类型	初始资本投入较少，资本增值较快，在资本增值过程中人力资本增值明显的初创期高科技公司	适合业绩稳定、绩效管理体系比较成熟的公司	适合成长及业绩比较稳定、股价市场波动不大、现金流比较充足且具有分红偏好的公司	适合现金流量比较充裕且具有较大成长空间的公司	适用于增长较快，现金流量比较充裕的非上市公司和上市公司	重视员工福利的上市公司

公司层面

序号	内容						
1	发行定价	股票来源为非公开发行股票的，发行价格不低于定价基准日前20个交易日公司股票的50%					股票来源为非公开发行的，发行价格不低于定价基准日前20个交易日公司股票的90%
2	重大事件期间是否可以推出	（1）上市公司发生重大事件，在履行信息披露义务期间及完毕后30日内，不得推出股权激励计划草案；（2）上市公司提出增发、资产注入、发行可转债等重大事项至实施完毕后30日内，不得推出股权激励计划草案					无相关规定
3	对损益影响	适用《股份支付》准则，确认相关成本或费用，降低收益					通常不影响公司损益（但涉及大股东无偿赠与或低价转让的，有待制度进一步明确）
4	股东股权稀释	是	是	是	否	否	是

续表

序号	内容	股票期权	业绩股票	限制性股票	股票增值权	虚拟股权	员工持股计划
5	公司现金支出	无	有/无	无	有	有	无
6	激励作用设限	无	无	有	无	无	无
员工层面							
1	资金来源	员工合法薪酬，上市公司不得为激励对象提供贷款以及其他任何形式的财务资助，包括为其贷款提供担保					员工合法薪酬和法律法规允许的其他地方
2	杠杆作用	自筹资金＋自行管理，不存在杠杆效应					可以融资、可以设定结构分级，存在杠杆效应
3	专业管理	自行管理					自行管理，也可委托资产管理机构管理
4	激励收益	增值权	分红权、增值权和投票权	分红权、增值权和投票权	增值权	分红权和增值权	分红权、增值权和投票权
5	员工风险	无	无	无	无	无	有
6	员工现金支出	有	有/无	无	无	无	有
7	奖励/福利	奖励	奖励	奖励	奖励	奖励	福利
8	个人所得税	获益部分，需按照"工资、薪金所得"项目，征收个税					对于股票来源为二级市场的直接购买或定向增发方式下，暂免征税

附：股权激励计划中的8"定"

（1）模式——激励模式选择。

（2）对象——被激励对象。

（3）来源——股票和购股资金来源。

（4）额度——股份总量和单个激励的最高上限。

（5）约束条件——行权条件和绩效考核的指标设计。

（6）价格——标的价格的确定。

（7）时间——时限的确定。

（8）机制——调整、修改、变更、终止、退出等。

第二节　非上市公司的股权激励

一、非上市公司的股权激励计划特点

（1）没有相应的法律依据。

（2）缺少税收优惠。

（3）无法通过资本市场分摊激励成本。

（4）经营业绩不能通过资本市场来衡量（自定标准）。

（5）不需要证监会备案。

（6）方案设计灵活。

二、非上市公司期权与员工持股计划的比较

非上市公司期权与员工持股计划的比较如表6-3所示。

表6-3　非上市公司期权与员工持股计划的比较

比较内容	期权	员工持股计划
对象	高管及核心员工	可以是全体员工
法律性质	选择权和期待权	资产所有权
收益风险	可选择是否行权	可能招致资产损失
适用范围	一般只适用于上市公司	适用于各种类型的公司
功能不同	通过行权增加收入	通过分红增加收入

三、非上市公司的股权激励实践

（1）认购股权计划。

（2）利润分红型虚拟股票计划。

（3）期股模式。

（4）实股奖励模式。

（5）岗位分红模式。

（6）项目分红模式。

（7）动态股权激励模式。

第三节　员工持股计划

一、员工持股计划

员工持股计划是企业内部员工出资认购所在公司的部分股权，委托员工持股会（或专业信托、基金管理机构）进行管理、运作；员工持股会作为社团法人进入董事会参与按股分享红利的新型股权形式。

二、员工持股计划的意义

员工持股计划有利于劳动者与企业结成更紧密的利益共同体，有利于形成促进企业发展的长期激励机制。

员工持股计划可以帮助企业完善其法人治理机构。

员工持股计划是企业股份合作制改造的主要手段，是搞活国有中、小企业以及"放小"的重要出路。

员工持股计划有利于解决国家、企业与职工三者之间的利益矛盾，促进经济发展，稳定社会和谐；员工持股计划不同于前阶段企业改制中的内部职工股。

三、员工持股计划的主要内容

（一）股权设置

股权设置主要有增资扩股、产权转让以及其他变通办法。

（二）持股范围、持股比例和股权分配

在公司工作的员工持股资格由各公司自行民主决定，一般限定为企业服务一年以上的全体（正式）员工。

在确定员工认购的股份数额时需要依据员工岗位、职称、学历、工龄和贡献等因素。

在分配股权时，需要本着"效率优先，兼顾公平"的原则。高级管理层、技术骨干要比一般员工享有更多的额度，如 5～10 倍。

（三）资金来源

员工购股的资金来源以个人出资为主，实践中通常采取以下几种方式或方式的组合：

（1）个人出资购股。

（2）向金融机构贷款——杠杆化操作。

（3）企业向员工提供优惠利率的贷款。

（4）科技成果作价折股。

（5）企业的捐赠。

（6）企业无偿配送股。

（四）股份的认购与购回

在实行员工持股计划时，股份的认购需要员工向职工持股会提出购股申请；依据员工股份认购方案确定个人持股额；随后办理购股手续，缴付购股资金，领取"员工股权证明书"。

当员工因调动、离退休、跳槽、被解聘、死亡等缘由而脱离公司时，不再继续持有内部员工股，其所持股份由员工持股会或托管机构购回，转作预留股份。

对于预留股份，需要在内部员工持股总额中进行设置，以准备为已具备资格的新增员工认购。预留股份由员工持股会借资金一次性购入，并负责其管理和运作。

（五）红利分配

持股员工依法享受公司的红利分配，且其所得红利用于归还贷（借）款本息。

预留股份红利用于归还贷（借）款本息，贷款还清后，可转作备用金。

（六）管理机构

规模较大的公司一般委托外部信托或基金管理机构对员工持股计划的具体操作进行管理。

中小型公司一般是成立内部的员工持股会，负责员工股份的集中托管和日常管理工作。

经员工持股会选举产生的员工股东代表，进入公司董事会和监事会，参与公司经营决策与监督。

（七）管理机构——员工持股会

员工持股会是由公司员工自愿组成且依法设立，并经核准登记的社团法人组织。

员工持股会的设立必须遵循：①持有企业内部职工股的职工必须超过50人；②注册资金不低于10万元；③属于有限责任公司或股份有限公司的企业，必须经股东大会许可后才可设立；④需要建立符合相关规定的员工持股会的组织机构。

员工持股会需要设置持股会员大会作为员工持股会的最高权力机构；一般每年召开两次会议，就持股会章程的制定和修改、参加公司股东会、分红等事宜做出决议；在开会时，通常按照一人一票制进行表决；重大事项需经过全体会员表决决定，票数超过2/3才能通过；员工持股理事会是员工持股会的日常办事机构；理事长是员工持股会的法定代表人。

员工持股会的基本职责有：①召开和主持股东会议；②负责员工股权的运作和管理；③定期向持股员工汇报员工持股会的工作情况；④负责员工持股会备用金的管理工作。

员工持股会的权限有：①出席或委托代理人出席股东大会并行使表决权；②监督公司的经营，提出建议和质询；③按其股份取得股利；④在公司终止后依法取得公司的剩余资产；⑤公司章程规定的其他权利。

 **相关案例**

三一重工公布股票期权和限制性股票激励计划[①]

2012年11月6日，三一重工对外发布了该公司的《股票期权与限制性股票激励计划》，12月6日再次公布计划修订稿。公告显示，三一重工的此次激励计划拟向激励对象授予权益总计17825.5万份（1.78亿元），共有包括主要高管、技术骨干和管理骨干在内的2533名员工获得激励，其中，获得股票期权激励的员工2108人，获得限制性股票激励的员工1408人（其中983人获双重激励）。该计划草案是在三一重工宣布将总部搬迁至北京之前发布的，有业内人士认为，三一重工在此时发布股权激励的目的之一在于稳定管理人员队伍，缓和由于搬迁可能带来的一些矛盾。

在三一重工此次的股票期权激励计划中，股票来源为公司向激励对象定向发行的公司股票。公司拟向激励对象授予15490.92万份股票期权，约占该激励计划签署时公司股本总额（759370.61万股）的2.04%，其中首次授予13941.92万份，占该计划签署时公司股本总额的1.84%；预留1549万份，占该计划拟授出股票期权总数的10%，占该计划签署时公司股本总额的0.204%。每份股票期权在满足行权条件的情况下，拥有在有效期内以行权价格购买1股公司股票的权利。激励对象获授的股票期权不得转让及用于担保、质押或偿还债务。

该计划的主要内容包括：

1. 有效期

该激励计划的有效期为自首次授予之日起六年。每份股票期权自授予日

---

① 上交所. 三一重工股份有限公司关于对股票期权与限制性股票激励计划进行调整的公告［Z］. 2012 - 12 - 25.

起五年内有效。

2. 授予日

授予日在该计划报中国证监会备案且中国证监会无异议、公司股东大会审议通过后由公司董事会确定。授予日应为自公司股东大会审议通过该计划之日起30日内,届时由公司召开董事会对激励对象进行授予,并完成登记、公告等相关程序。授予日必须为交易日,且不得为下列区间日:①定期报告公布前30日至公告后2个交易日内,因特殊原因推迟定期报告公告日期的,自原预约公告日前30日起算;②公司业绩预告、业绩快报公告前10日至公告后2个交易日内;③重大交易或重大事项决定过程中至该事项公告后2个交易日;④其他可能影响股价的重大事件发生之日起至公告后2个交易日。

3. 授予等待期

股票期权授予后至股票期权可行权日之间的时间为1.5年。

4. 可行权日

可行权日必须为交易日,但不得在下列期间内行权:①公司定期报告公布前30日至公告后2个交易日内,因特殊原因推迟定期报告公告日期的,自原预约公告日前30日起算;②公司业绩预告、业绩快报公告前10日至公告后2个交易日内;③重大交易或重大事项决定过程中至该事项公告后2个交易日;④其他可能影响股价的重大事件发生之日起至公告后2个交易日。

激励对象必须在期权有效期内行权完毕,计划有效期结束后,已获授但尚未行权的股票期权不得行权,由公司注销。在可行权日内,若达到本计划规定的行权条件,授予的期权行权期及各期行权时间安排如下表所示:

行权期	行权时间	可行权数量占获授权期权数量的比例
第一个行权期	自首次授予日起18个月后的首个交易日起至首次授予日起30个月内的最后一个交易日当日止	10%
第二个行权期	自首次授予日起30个月后的首个交易日起至首次授予日起42个月内的最后一个交易日当日止	35%
第三个行权期	自首次授予日起42个月后的首个交易日起至首次授予日起54个月内的最后一个交易日当日止	55%

公司每年实际生效的期权份额将根据公司当年财务业绩考核结果做相应调整。

5. 禁售期

禁售期是指对激励对象行权后所获股票进行售出限制的时间段。该激励计划的禁售规定如下：①激励对象为公司董事和高级管理人员的，其在任职期间每年转让的股份不得超过其所持有本公司股份总数的 25%；在离职后半年内，不得转让其所持有的本公司股份。②激励对象为公司董事和高级管理人员的，将其持有的本公司股票在买入后 6 个月内卖出，或者在卖出后 6 个月内又买入，由此所得收益归本公司所有，本公司董事会将收回其所得收益。③在本激励计划的有效期内，如果《公司法》《证券法》等相关法律、法规、规范性文件和《公司章程》中对公司董事和高级管理人员原持有股份转让的有关规定发生了变化，则这部分激励对象转让其所持有的公司股票应当在转让时符合修改后的相关规定。

6. 行权价格或行权价格的确定方法

此次授予的股票期权的行权价格为 9.38 元。确定方法是取下列两个价格中的较高者：①股票期权激励计划草案摘要公布前一个交易日的公司标的股票收盘价 9.38 元；②股票期权激励计划草案摘要公布前 30 个交易日内的公司标的股票平均收盘价 9.28 元。

7. 股票期权的获授条件

激励对象只有在同时满足下列条件时，才能获授股票期权：第一，公司未发生以下任一情形：最近一个会计年度财务会计报告被注册会计师出具否定意见或者无法表示意见的审计报告；最近一年内因重大违法违规行为被中国证监会予以行政处罚；中国证监会认定的其他情形。第二，激励对象未发生以下任一情形：最近三年内被证券交易所公开谴责或宣布为不适当人员；最近三年内因重大违法违规行为被中国证监会予以行政处罚；具有《公司法》规定的不得担任公司董事及高级管理人员的情形；公司董事会认定其他严重违反公司有关规定的。

8. 股票期权的行权条件

激励对象行使已获授的股票期权除满足上述条件外，必须同时满足如下条件：

第一，公司业绩考核要求。该计划授予的股票期权会在行权期的 3 个会计年度中分年度进行绩效考核并行权，以达到绩效考核目标作为激励对象的行权条件。各年度绩效考核目标如下表所示：

行权期	业绩考核目标
第一个行权期	2013 年度净利润相比 2012 年度增长不低于 10%
第二个行权期	2014 年度净利润相比 2013 年度增长不低于 10%
第三个行权期	2015 年度净利润相比 2014 年度增长不低于 10%

股票期权等待期内，各年度归属于上市公司股东的净利润及归属于上市公司股东的扣除非经常性损益的净利润均不得低于授予日前最近 3 个会计年度的平均水平且不得为负。其中，"净利润"指归属于上市公司股东的扣除非经常性损益的净利润；由此次股权激励产生的期权成本将在管理费用中列支。若行权期内任何一期未达到行权条件，则当期可申请行权的相应比例的股票期权可以递延到下一年，在下一年达到行权条件时一并行权。若下一年仍未达到行权条件，公司有权不予行权并注销。

第二，个人业绩考核要求。首先，激励对象所在职能总部、事业部和子公司需达到与公司签订的绩效合约的考核要求，且为合格以上。未达标的职能总部、事业部和子公司的激励对象不得行权。其次，根据公司制定的《三一重工（600031）股份有限公司股票期权激励计划实施考核管理办法》，激励对象只有在上一年度绩效考核为合格以上，才能部分或全额行权当期激励股份，具体行权比例依据激励对象个人绩效考核结果确定。行权期考核若为不合格，则取消当期行权额度，期权份额由公司统一注销。

9. 预留期权的处理

预留期权将在该计划首次授予日起一年内一次授予。预留期权授予的激励对象由董事会提出，经监事会核实后，律师发表专业意见并出具法律意见书，公司在指定网站按要求及时准确披露当次激励对象的相关信息。预留激励对象指激励计划获得股东大会批准时尚未确定但在本计划存续期间纳入激励计

划的激励对象，本次预留的 1549 万份股票期权将在首次授予日起一年内一次授
予新引进及晋升的中高级管理人才及公司核心骨干。预留期权的授权日由授予
前召开的董事会确定。授权日必须为交易日，且行权价格取下列两个价格中的
较高者：一是董事会决议公告日前一个交易日的公司标的股票收盘价；二是董
事会决议公告日前 30 个交易日内的公司标的股票平均收盘价。预留部分股票
期权的行权时间和行权条件均与前面的规定相同。

附录：华为的发展历程及其薪酬战略[①]

  华为技术有限公司于 1987 年成立于深圳，经过 25 年的发展，这家当初注册资金仅有 2 万元和 6 个人的小公司已经成为全球第一大通信设备供应商以及第三大智能手机厂商，员工人数达 15 万，其中研发人员占 46%，在全球有 23 个研究所和 34 个创新中心。华为的产品主要涉及通信网络中的交换网络、传输网络、无线及有线固定接入网络和数据通信网络及无线终端产品，为世界各地的通信运营商及专业网络拥有者提供硬件设备、软件、服务和解决方案，是全球领先的信息与通信解决方案供应商。华为在 2013 年世界 500 强排名第 315 位，也是该榜单上唯一一家没有上市的公司。华为一直非常重视研发，从 1987 年到 2011 年，华为每年将销售收入的 10% 投入研发，近些年来，5 万以上的人员从事研发工作，年资金投入维持在上百亿元。华为在 2008 年名列 PCT（专利合作条约）申请量榜首，当年共提交 1737 项国际专利申请，超过了日本的松下和飞利浦。华为 2013 年度财报显示，2013 年华为实现全球销售收入 2390 亿元人民币，同比增长 8.5%，净利润 210 亿元。

  1. 1987~1994 年，初创期

  初创期的华为基本还是一家贸易型公司，公司从 1991 年开始投入全部资金和人力开发和生产自主品牌的新型用户程控交换机，1994 年，华为的第一台 C8. C08 万门交换机开局成功，终结了无产品、无技术的贸易时代，开始进入新的发展阶段。尽管华为 1992 年的销售收入已经突破 1 亿元，但公司整

---

  ① 汪小星，李冰如．华为 2012 年揽 2202 亿销售收入，或超越爱立信成行业老大［N］．南方都市报，2013 - 01 - 23；孙燕飚．华为薪酬体系等级分明，员工持股被指不规范［N］．第一财经日报，2011 - 06 - 21；丘慧慧．华为的薪酬大厦，个人所得税打造员工天堂［N］.21 世纪经济报道，2004 - 09 - 16；田涛，吴春波．下一个倒下的会不会是华为［M］．北京：中信出版社，2012.

体实力依然较弱，内外部资源都比较贫乏，受到人力、财力、物力等诸多方面的限制。当时的华为在薪酬水平和福利水平方面都低于市场平均水平，吸引大家的主要是创业机会以及对未来成功的期望，这时候的华为公司主要依靠晋升、能力提高、工作氛围等非经济性薪酬贡献来吸引员工。

华为从一开始就将绩效和能力放在第一位，不搞论资排辈，为年轻人提供了快速成长和晋升的机会，大学毕业刚进公司两三年的学生就可以管理一个几十人的部门，最年轻的高级工程师只有19岁。华为创业时期的传奇人物李一男在1993年硕士毕业后进入公司，入职两天后升为工程师，半个月后升为主任工程师，半年后升任中央研究部副总经理，两年后被提拔为华为公司总工程师兼中央研究部总裁，27岁便成为华为公司副总裁。

在尚无法支付高薪的情况下，华为还尝试采用股权激励方式来吸引和留住员工。早在1990年，华为便第一次提出内部融资、员工持股的概念。在1992年变更为集体企业之后，华为开始推行员工普遍持股制，但持有内部股的员工只有分红权，并无其他股东权利，公司会在员工退出时按照购股之初的原始价格加以回购。

大约在1993年，华为实际上就已经开始实施薪酬领袖战略，因为任正非相信，企业可以高价买元器件、买机器，同样可以高薪买人才。1993年初，一位在上海交大任教八年的硕士研究生作为软件工程师进入华为，在学校的月工资仅400多元。来华为之后，当年2月的工资是1500元，比当时上海交大校长的工资还高，尽管2月份只上了一天班，却拿到了半个月的工资。第二个月，他的工资涨至2600元，之后几乎每个月工资都在涨，到年底时月工资已经涨到6000元。

2. 1995 ~ 2005 年，高速成长期

1995年之后，华为开始高速成长，1996年的销售收入达26亿元。就在这一年的春节前夕，公司对市场部进行了一个多月的整训，要求市场部全体人员向公司同时提供一份述职报告和一份辞职报告，然后公司根据个人的实际表现、发展潜力以及公司市场发展需要批准其中一份。这次市场部集体辞职事件拉开了华为国际化、正规化的管理序幕。也就是在这一年，华为邀请中国人民大学的一批专家帮助自己起草《华为基本法》，在1997年又提出了

客户服务文化，同时开始陆续聘请 IBM、合益集团、普华永道、埃森哲等咨询公司帮助其在 IPD、ISC、人力资源管理、财务管理、营销管理、质量控制等多个领域引入世界级的管理经验，全面构筑客户需求驱动的流程和管理体系。

2000 财年，华为以 220 亿元销售额和 29 亿元利润位居全国电子百强首位，而就在此时，总裁任正非却突然大谈危机和失败，发表了著名的《华为的冬天》，指出华为的危机以及萎缩、破产一定会到来。而任正非对 IT 泡沫的预见很快成为现实，2001 年，随着美国安然公司、世界通信公司的倒闭，国际和国内 IT 业的形势急转直下，华为在 2002 年末遭遇了创业 15 年以来的首次业绩下滑，公司合同销售额从上年的 255 亿元下降至 221 亿元，利润更是从上年的 52 亿元大幅减至 12 亿元。同年 8 月，华为给公司总监级以上的干部下达了降薪倡议书，接着又以"运动"方式在公司高管中传递"降薪"的动因和价值观，要求各级干部认清责任，点燃内心之火，鼓舞必胜的信心。2003 年春节刚过，454 位高级管理人员在降薪倡议书上签名，最后共有 362 位总监以上管理人员降薪 10%。这种做法对弥补华为的财务损失并无实质作用，却能够表达出中高层管理者与公司同舟共济、共渡难关的信心和决心，以鼓舞全体员工同心协力去克服困难。

2003 年初，华为的日子并不好过：国内遭遇"非典"危机，合资企业被推迟，与美国思科公司的知识产权官司缠身。然而，到这一年年末，华为显然摆脱了危机：全球市场销售同比增长 42%，达 317 亿元人民币，其中海外销售收入达 10.5 亿美元，同比增长 90%，海外销售收入所占比例上升到 27%。此外，尽管华为在这一年年初发起了"降薪运动"，但这个中国规模最大的民营企业仍然排在"中国 2003 年度代扣代缴个人所得税百强排行榜"的榜首，华为员工在这一年缴纳的个人所得税总额达 3.7281 亿元，按 2 万名员工计算，华为员工当年人均上缴个人所得税 1.8 万元。而就在该榜单发布前不久，华为在薪酬冻结长达两年之后又开始继续给员工加薪。华为在 2005 年的总销售额达到 453 亿元，其中海外销售额所占比重上升到 58%。

在进入快速发展阶段之后，华为的实力逐渐雄厚，人才招聘需求迅速上升，于是开始实施全面的薪酬领袖战略，大部分时候，华为员工的薪酬比国内其他厂商高出 1/3 左右。1997 年以后，华为开始进行多元化经营，除原有的电话交换机，还介入数据业务、无线通信等通信领域的主导产品，快速扩张产生了对优秀人才的巨大需求。1998 年，华为开始进行第一次大规模招聘，当年共招收 800 多名大学毕业生，此后三年分别招收了 2000 名、3000 名和 5000 名大学毕业生。这种招聘势头一直持续到 2002 年。由于华为此时的实力已经很雄厚，加上大规模招聘的需要，高薪战略得到进一步加强。2000 年前后，国内电子通信类人才奇缺，通信行业快速扩容导致对通信类人才的争夺加剧，华为在这场人才争夺战中开出的条件尤为优厚，待遇最好的研发人员和市场人员的月薪通常能够达到 8000～9000 元，比通信行业的通常工资高出 3000～4000 元。不过，薪酬高速增长的情况在 2001 年有所停顿，经过前几年的大规模招聘，华为放缓了扩招的步伐，再加上行业不景气等因素，华为一方面冻结薪酬两年，同时将新员工的起薪下调，2001 年以后入职员工的待遇较之以前下降不少，本科的起薪点从 5000～6000 元下调至 4000 元，硕士从 7000～8000 元下调至 5000 元，尽管如此，与其他企业相比，华为的起薪依然算是非常高的。到 2003 年底，华为开始恢复加薪，但加薪幅度明显放缓。

20 世纪 90 年代中后期以来，华为一直沿用绩效管理体系、薪酬分配体系和任职资格评价体系三位一体的人力资源管理架构。华为员工被划分为生产、研发、市场销售和客户服务四大体系，其中，研发和市场销售体系的薪金水平明显高于生产和客户服务体系。本科毕业生和研究生刚刚进入华为的起薪存在差异，但这种学历因素造成的薪酬差别随着工作年限的延长变得越来越小，薪酬的主要依据是员工的工作能力和业绩。在市场销售和研发部门工作五年之后，月薪加上年终奖和股票分红一般都能达到 20 万元左右。但在华为工作相对更辛苦，员工经常为完成工作而自发加班，但没有加班费，所以每年都有 4% 左右的员工会离职。

总的来说，华为的薪酬体系相对比较简单，除了基本月薪、年终奖和股票，还有一些福利和补助。华为的福利不算太多，这是因为任正非一方面注意通过薪酬制度确保员工的工作动力，另一方面又非常警惕不让华为成为一个养老机构，不能染上"福利病"。据说有员工曾经建议华为应当建华为大厦让大家免费居住以及允许员工免费在食堂吃饭，任正非坚决反对，认为这反映了员工的太平意识，这种意识会导致公司走向没落。不多的福利华为也主要是以货币形式支付的。比如，华为每个月会根据公司地域的不同向员工的工卡中打一笔钱（每个月 800～1000 元），员工可以用这笔钱购买班车票、在公司食堂就餐以及在公司小卖部购物，但不得取现。若每年年底卡中的钱高于一定数额或员工离职，也可以一次取现，但要扣 20% 的税。此外，华为还会向员工支付以下四类基本补贴：国内出差补助、国内离家常驻外地补助、海外出差补助、海外长驻补助。

3. 2006 年以来，稳定发展期

华为从 2003 年开始逐渐进入欧洲市场，继而打入日本、南美和北美市场。在 2005 年之后与全球的几百家客户从原来的甲乙方关系转变为相互依存、相互促进的战略伙伴关系，也就是在这一年，华为在海外的销售额首次超过国内。这一时期的华为进入成熟发展期，国际化发展路线逐渐明朗，3G产品的签单成功带来海外业务的迅猛发展。华为需要配备大量的国际化人才，招聘目标锁定在财务总监、国际税务经理、高级项目财务经理等职位上。

华为于 2006 年之后开始推行薪酬改革，重点是按责任与贡献付酬，而不是按资历付酬，根据岗位责任和贡献产出决定每个岗位的薪酬级别，员工的薪酬与岗位和贡献挂钩，员工的岗位被调整了，薪酬待遇随之改变。华为希望通过此次薪酬变革鼓励员工在未来的国际化拓展中持续努力奋斗，鼓励那些有奋斗精神、勇于承担责任、能够冲锋在前的员工，调整那些工作懈怠、安于现状、不思进取的老员工的岗位。

2007 年 10 月，在《劳动合同法》正式实施前夕，华为要求所有工龄超过 8 年的员工必须在 2008 年元旦之前办理主动辞职手续，辞职之后再竞岗，然后与公司重新签订 1 年的劳动合同。华为的规定是，员工离职后 6 个月内重新应聘的，合格者可留下，待遇不变。由于这些老员工大都有华为的内部股份，因此，在辞职的 6 个月期间，公司为员工保留股份，如辞职后不再续签合同，则公司按股价给员工兑换成现金。华为的此次"辞职门"共涉及近 7000 名中高层干部和员工，其中包括任正非本人。最终，任正非和其他 6686 名干部和员工完成了重新签约上岗，38 名员工选择自愿退休或病休，52 名员工因个人原因选择自愿离开公司，16 名员工因绩效和岗位不胜任等原因经双方友好协商后离开公司。尽管外界对华为此举有不少微词，但华为提供的所谓"N＋1"补偿方案却让员工感到非常满意。这里的 N 是员工在华为的工作年限。若一位员工在华为的月薪是 1.5 万元，全年奖金 12 万元，则相当于月收入 2.5 万元，若此人为华为工作了 10 年，则可以得到的补偿是 27.5 万元。仅此一项，华为就支付了 100 多亿元。

尽管发生于 2008 年的金融危机给华为带来了很大的不利影响，但华为的业绩还算不错。华为的同城竞争对手中兴通讯公司在 2012 年的业绩很不理想，全年归属于上市公司股东的净利润同比下降 221.35％～240.77％，亏损达 25 亿～29 亿元。而华为在 2012 年的全年销售收入达到 2202 亿元，同比增长 8％（其中在中国区的销售收入为 736 亿元，占 33％；来自海外的整体销售收入约为 66％）；实现净利润 154 亿元，同比增长 33％。每股可分配利润达到 1.41 元。华为公司 2012 年的奖金总额为 125 亿元，同比增长 38％，高于净利润增幅。不过，包括董事长孙亚芳、总裁任正非、首席财务官孟晚舟等在内的高管则为"零奖金"。据内部人士透露，这是由于企业集群和终端两项业务有个别指标未达标，因此高管放弃年终奖。事实上，近些年来，随着华为的扩张步伐逐渐放慢以及 2008 年金融危机带来的一系列不利影响，华为的薪酬与市场薪酬水平之间的差距有所缩小。在网络上已经可以看到一些华为员工抱怨起薪低、加薪速度慢以及加薪机会少，包括年终奖往往也要等到入职满两年才有机会享受。

2013 年 7 月，华为公布了公司的上半年业绩：实现销售收入 1138 亿元，与 2012 年同期相比增长 10.8％，并且预期 2013 年度的净利润率在 7％～8％。随后，华为宣布将为基层员工和应届毕业生大幅加薪，加薪的对象主要是位于 13～14 级的基层员工以及 2014 年新招应届毕业生。基层员工的平均加薪幅度在 30％左右，部分人的薪酬上涨幅度甚至会超过 70％。而 2014 年进入华为工作的应届毕业生的起薪也将大幅上调：前些年，本科毕业进入华为的员工月薪为 6500 元（一线城市税前），调整后将超过 9000 元，增幅达到 38％；硕士毕业进入华为的员工的起薪将从 8000 元/月上调至 10000 元/月，增幅为 25％。如果是优秀毕业生，起薪还会有不同程度的上浮。关于此次加薪原因的一种解释是："13~14级的基层员工群体是公司各项业务的主要具体操作执行者，他们思想新，冲劲足，富有活力和热情，是公司未来的管理者和专家之源。公司现行的薪酬政策强调控制刚性、增加弹性，造成13~14级基层员工的工资与业界相比没有竞争力，难以吸引和留住优秀人才。"因此，可以说此次加薪一方面是为了进一步吸引和留住优秀人才，特别是中基层人才；另一方面则是增加固定薪酬部分即确定性的工资收入，降低薪酬的变动幅度。

一些业内人士则为华为此次高调地大规模基层员工加薪提供了另一种分析视角：长期以来，华为的人力结构是金字塔形的，由于公司一直在快速扩张，因此基础底座（即每年不断招收的大学毕业生）非常厚实，即使中间层离职率没那么高，也能保证金字塔形的结构。但近年来，华为的人力结构却出现"腰粗"的问题，金字塔形可能要变成橄榄形。这是因为，华为一直推崇加班文化，公司也在一定程度上通过员工加班的强度来评价员工。但很多员工经过五六年甚至更多年头的加班生活和努力奋斗，一方面薪酬待遇已经较高，另一方面已经成家立业甚至有了孩子，因而不太愿意像过去那样拼命工作，而华为显然希望看到这部分已经不能拼命工作的员工选择离职。过去，这批人的离职速度基本上能够满足华为的要求，但2005年以后招聘的大量员工虽然已经达到15/16级或更高级别，薪酬上去了，但却由于近些年来的整体经济形势不好，选择离职的人数不够多。与此同时，由于华为提供给基层员工的薪酬缺乏竞争力，这又导致公司在吸引和留住基层人才方面存在制约，于是华为的人才结构出现"腰粗"而基础底座不牢固的问题。据透露，华为2013年上半年内部制定的离职率需要达到9%，重点淘汰的是工作五年以上的15/16级员工，并且半年考评时的很多C级和D级指标也给了15/16级员工。实际上，华为的此次薪酬调整在大幅提升基层员工的薪酬水平的同时，只是给部分中间层员工加薪，没有得到加薪的中间层员工的薪酬甚至比基层员工的薪酬水平还要低，即出现所谓的"薪酬倒挂"现象。华为的意图显然是要借此挤走一批中间层员工，从而达到"瘦腰强腿"的目的，把那些不符合华为艰苦奋斗精神的中层淘汰掉，重塑强有力的金字塔形人才结构。

在这次薪酬调整中，华为员工薪酬的另一个变化是，在基层员工年薪总额中，年终奖和分红部分会大幅下降，主要薪酬收入将来自每个月的固定薪酬。过去，华为员工年薪中有一半以上是年终奖和分红，随着虚拟受限股总数的增加和企业利润率的下降，分红比例越来越低，对大家的激励作用越来越弱。任正非在 2012 年 4 月的一次讲话中也提到，今后要逐步降低分红，把利润拿来作为奖金，去激励奋斗在一线的人。这表明，华为正在逐步改变以往那种薪酬激励模式，分红很可能不再会是华为今后的主要激励手段，而是逐步成为真正的投资收益，而年终奖也不大可能像过去那么丰厚，大约会相当于几个月的工资。这是否表明华为将会成为一个普通的巨型企业呢？

4. 华为的员工持股

华为的员工持股在公司的起步和扩张过程中扮演了重要的角色。华为从 1992 年开始实施内部员工持股计划。这一阶段，华为员工持股的基本做法是：凡是工作 1 年以上的员工均可以购买公司的股份，购买数量取决于员工的职位、绩效以及任职资格等因素。一般是公司在年底通知员工可购买的股份数，员工以工资、年底奖金出资购买股份，资金不够时公司还协助取得贷款，股票的购买价格并不与公司净资产挂钩，通常确定为每股 1 元，员工购买股份后的主要收益来自与公司绩效挂钩的分红（分红比例曾多年保持在 70% 的高水平）。员工离职时，公司会按照员工原来的购买价格即每股 1 元回购。除 1995 年和 1996 年公司曾给员工持股证明外，其他年份不再给员工持股证明，但员工可在公司查询并记录自己的持股量；工会（下设持股委员会）代表员工管理持有股份，是公司真正的股东，员工自身并没有公司法意义上完整的股东权利。2001 年以前，处于高速成长期核心阶段的华为通过内部股票分红使员工获得了丰厚的收益，在这一阶段，华为内部有一种"1 + 1 + 1"的说法，即在员工的收入中，工资、奖金、股票分红的收入比例大体相当。1997 年及之前年份进入华为的老员工是这一时期的最大受益群体。一位 1997 年初来到华为的员工在工作 6 年之后拿到 40 万股内部股票，2001 年税后分红大约在 20 万元。

2001 年，深圳市出台了《深圳市公司内部员工持股规定》，华为意识到以前那种股权安排的潜在风险，此外，在公司管理变革的过程中，股权制度的不规范也制约了公司与国际管理机制接轨。因此，在这一年，华为通过与国际咨询公司合作，对公司的股权制度进行调整和变革，用规范的虚拟股票期权即所谓的"虚拟受限股"取代原来实行的内部股权。新员工不再派发长期不变的 1 元一股的股票，老员工手中持有的每股 1 元的内部股则按 2001 年末公司净资产进行折算，并且确定转换后的每股价格增值到 2.64 元，从而将净资产与员工股权联系在一起，成为一种接近实际意义的员工持股安排。公司每年会根据员工的工作水平和对公司的贡献决定其获得的股份数。员工则需要按照公司当年的净资产价格购买虚拟股。拥有虚拟股的员工可以获得一定比例的分红，再加上虚拟股对应的公司净资产增值部分，但他们没有所有权、表决权，也不能转让和出售。在员工离开企业时，股票只能由华为控股工会回购。公司规定，员工的虚拟股每年可兑现 1/4，价格是最新的每股净资产价格，公司同时对中高层的兑现额度作了专门规定，即除非离职，否则每年只能兑现 1/10。在离开公司后，还要经历公司严格的 6 个月审核，确认后来任职的创业公司产品与华为不构成同业竞争，没有从华为内部挖过墙脚等条件中的任何一个后，方可全额兑现。每位持股的员工都有权选举和被选举为股东代表，持股员工选出 51 人作为代表，然后从中轮流选出 13 人作为董事会成员，5 人担任监事会成员。

2003 年，华为动用了几十亿元的未分配股权，再次给予 80% 以上的员工股票购买权，其主要目的有两个：一是向银行申请股权抵押的贷款额度，缓解华为由于 3G 业务推迟带来的资金紧张问题；二是将股权向新的骨干核心层倾斜，通过 3 年的锁定期稳定核心员工队伍，共度眼前的困难时期，将来再通过净资产增值、股权分红等方式将利益分配给员工。这样既可以有效降低华为的资产负债率，又可以让员工一起承担部分经营风险。

2008 年，华为再次微调了虚拟股制度，实行饱和配股制，即规定员工的配股上限，每个级别的员工达到持股上限后，就不再参与新的配股。这一规定使手中持股数量巨大的华为老员工的配股受到限制，但有利于激励华为公司的新员工。